Balakrishnan Subramanian
Sunil Kumar RM

Navegadores de rede: Explorando o mundo das redes de computadores

Balakrishnan Subramanian
Sunil Kumar RM

Navegadores de rede: Explorando o mundo das redes de computadores

Redes

ScienciaScripts

Índice

Capítulo 1 - INTRODUÇÃO À REDE DE COMPUTADORES

As redes informáticas são a espinha dorsal da comunicação moderna e da troca de informações, permitindo a transferência ininterrupta de dados entre dispositivos e sistemas em todo o mundo. Na sua essência, as redes informáticas envolvem a interligação de computadores, servidores, dispositivos móveis e outros componentes de hardware para facilitar a comunicação, a partilha de recursos e a colaboração.

Conceitos fundamentais:

No centro das redes de computadores estão os conceitos fundamentais que regem a forma como os dados são transmitidos, encaminhados e recebidos. Estes incluem:

1. Protocolos e normas:

   Os protocolos de ligação em rede, como o TCP/IP (Transmission Control Protocol/Internet Protocol), definem as regras e convenções para a troca de dados nas redes. As normas garantem a interoperabilidade e a compatibilidade entre diferentes tecnologias e dispositivos de rede.

2. Modelo OSI:

   O modelo OSI (Open Systems Interconnection) fornece um quadro concetual para a compreensão das camadas envolvidas na comunicação em rede, desde a camada física (transmissão de dados brutos) até à camada de aplicação (interface do utilizador).

Componentes principais:

As redes informáticas são constituídas por vários componentes de hardware e software, desempenhando cada um deles um papel crucial na facilitação da comunicação e da transferência de dados. Estes componentes incluem:

1. Dispositivos de rede:

   Routers, switches, hubs, modems e pontos de acesso são dispositivos de rede essenciais que gerem o fluxo de dados entre dispositivos e redes interligados.

2. Infra-estruturas:

   A cablagem, os conectores e os meios de transmissão constituem a infraestrutura física de uma rede, fornecendo os meios para a transmissão de dados a curtas e longas distâncias.

Tipos de redes:

As redes de computadores podem ser classificadas com base na sua escala, topologia e distribuição geográfica. Os tipos comuns de redes incluem:

1. Rede de Área Local (LAN):

   As LANs ligam dispositivos dentro de uma área geográfica limitada, como uma casa, um escritório ou um campus, permitindo a partilha de recursos e a comunicação entre dispositivos ligados.

2. Rede de Área Ampla (WAN):

As WANs cobrem grandes distâncias geográficas, ligando LANs e outras redes através de cidades, países ou continentes, utilizando linhas alugadas, ligações por satélite ou ligações públicas à Internet.

3. Redes sem fios:

As redes sem fios utilizam ondas de rádio para transmitir dados entre dispositivos, eliminando a necessidade de cabos físicos. As redes Wi-Fi, Bluetooth e celulares são exemplos de tecnologias sem fios.

Serviços e aplicações de rede:

As redes informáticas suportam uma vasta gama de serviços e aplicações, incluindo:

1. Acesso à Internet:

As redes fornecem acesso à Internet, permitindo aos utilizadores navegar em sítios Web, enviar mensagens de correio eletrónico, transmitir conteúdos multimédia e aceder a serviços e recursos em linha.

2. Partilha de ficheiros:

As soluções de armazenamento em rede permitem aos utilizadores partilhar e aceder a ficheiros, documentos e conteúdos multimédia em vários dispositivos e locais.

3. Comunicação:

As tecnologias de rede suportam vários serviços de comunicação, incluindo voz sobre IP (VoIP), videoconferência, mensagens instantâneas e ferramentas de colaboração.

Desafios e considerações:

A criação e manutenção de uma rede informática fiável e segura apresenta vários desafios e considerações, tais como:

1. Escalabilidade:

As redes devem ser concebidas para acomodar o crescimento e a expansão sem comprometer o desempenho ou a eficiência.

2. Segurança:

A proteção das redes contra o acesso não autorizado, as violações de dados e as ciberameaças é fundamental. As medidas de segurança, como firewalls, encriptação e sistemas de deteção de intrusão, são essenciais para salvaguardar a infraestrutura e os dados da rede.

3. Otimização do desempenho:

A otimização do desempenho da rede envolve a gestão da largura de banda, a redução da latência e a otimização do encaminhamento e da gestão do tráfego para garantir uma transferência de dados rápida e eficiente.

Em resumo, as redes informáticas constituem a base das modernas tecnologias de comunicação e informação, permitindo a conetividade, a colaboração e a inovação em diversos sectores e aplicações. Compreender os princípios, componentes e desafios das redes de computadores é essencial para construir e gerir infra-estruturas de rede robustas e fiáveis.

1.   COMPREENDER OS PRINCÍPIOS BÁSICOS

A ligação em rede é o processo de ligar computadores e outros dispositivos para partilhar recursos e comunicar uns com os outros. Quer se trate de enviar um e-mail, transmitir um vídeo ou aceder a um sítio Web, a ligação em rede desempenha um papel vital na facilitação destas interacções. Para compreender as noções básicas de ligação em rede, vamos explorar alguns conceitos fundamentais:

1. Transmissão de dados:

- A transmissão de dados entre dispositivos é o cerne da ligação em rede. Os dados podem ter a forma de texto, imagens, áudio ou vídeo.

- A transmissão de dados ocorre através de um meio de comunicação, como fios de cobre, cabos de fibra ótica ou ondas de rádio sem fios.

- Para transmitir dados, os dispositivos utilizam sinais que representam dígitos binários (0s e 1s), que são interpretados pelos dispositivos receptores.

2. Protocolos e normas:

- Os protocolos de rede definem as regras e convenções para a troca de dados entre dispositivos. Os protocolos garantem que os dispositivos podem compreender e interpretar os dados transmitidos através de uma rede.

- O conjunto TCP/IP (Transmission Control Protocol/Internet Protocol) é o conjunto de protocolos de rede mais utilizado na Internet. Rege a forma como os dados são encaminhados e entregues entre dispositivos.

- As normas asseguram a interoperabilidade e a compatibilidade entre diferentes tecnologias e dispositivos de ligação em rede. Exemplos incluem Ethernet, Wi-Fi (IEEE 802.11) e Bluetooth.

3. Arquitetura da rede:

- As redes estão organizadas em arquitecturas hierárquicas que definem a forma como os dispositivos estão interligados e como os dados fluem dentro da rede.

- O modelo OSI (Open Systems Interconnection) é um quadro concetual que divide a comunicação em rede em sete camadas. Cada camada desempenha funções específicas e interage com as camadas adjacentes para facilitar a transmissão de dados.

- O modelo TCP/IP, embora semelhante ao modelo OSI, é composto por quatro camadas: Aplicação, Transporte, Internet e Ligação.

4. Endereçamento IP:

- O endereçamento IP (Internet Protocol) é utilizado para identificar de forma exclusiva os dispositivos numa rede. Um endereço IP é constituído por uma série de números separados por pontos, como 192.168.1.1.

- O IPv4 (Internet Protocol versão 4) é o esquema de endereçamento IP mais utilizado, mas o IPv6 (Internet Protocol versão 6) está a ser gradualmente adotado para acomodar o número crescente de dispositivos ligados à Internet.

5. Dispositivos de rede:

- Os dispositivos de rede, como routers, switches, hubs e modems, desempenham um papel essencial na facilitação da comunicação e da transferência de dados entre dispositivos.

- Os routers são responsáveis pelo encaminhamento de pacotes de dados entre redes diferentes, enquanto os switches e hubs permitem a comunicação entre dispositivos dentro da mesma rede.

- Os modems convertem os dados digitais dos computadores em sinais analógicos para transmissão através de canais de comunicação analógicos, como as linhas telefónicas.

6. Tipos de redes:

- As redes podem ser classificadas com base no seu âmbito geográfico, topologia e tecnologia.

- As redes locais (LANs) ligam dispositivos numa área geográfica limitada, como uma casa, um escritório ou um campus.

- As redes de área alargada (WAN) abrangem grandes distâncias geográficas e ligam LANs e outras redes através de cidades, países ou continentes.

A compreensão destes conceitos básicos estabelece as bases para a exploração de tópicos mais avançados em redes, como segurança de rede, tecnologias sem fios e gestão de redes. Quer seja um principiante ou um profissional experiente, ter uma sólida compreensão dos fundamentos de rede é essencial para criar e gerir infra-estruturas de rede robustas e fiáveis.

2. IMPORTÂNCIA E ÂMBITO DO TRABALHO EM REDE

O trabalho em rede desempenha um papel vital tanto na esfera pessoal como profissional, abrangendo um vasto leque de benefícios e oportunidades. Eis um resumo pormenorizado:

Importância da criação de redes:

1. Oportunidades:

   O trabalho em rede abre portas a várias oportunidades, incluindo oportunidades de emprego, progressão na carreira, parcerias, colaborações e orientação.

2. Intercâmbio de conhecimentos:

A interação com diversas pessoas expõe-no a novas perspectivas, ideias e tendências do sector, facilitando a aprendizagem e o crescimento contínuos.

3. Construir relações:

Relações profissionais fortes fomentam a confiança, a credibilidade e a boa vontade, que são essenciais para o sucesso a longo prazo em qualquer sector.

4. Partilha de recursos:

As redes dão acesso a recursos valiosos, como informações, conhecimentos especializados, referências e sistemas de apoio, que podem ser fundamentais para superar os desafios.

5. Desenvolvimento da carreira:

O trabalho em rede aumenta a visibilidade e a reputação no seu sector, aumentando a probabilidade de progressão na carreira, promoções e reconhecimento.

6. Desenvolvimento pessoal:

O trabalho em rede melhora as competências de comunicação, interpessoais e de negociação, bem como a resiliência e a adaptabilidade, que são valiosas tanto na vida profissional como pessoal.

7. Crescimento do negócio:

Para os empresários e proprietários de empresas, o trabalho em rede é crucial para gerar contactos, atrair clientes, garantir parcerias e aceder a oportunidades de financiamento.

Âmbito do trabalho em rede:

1. Rede profissional:

   Isto implica estabelecer contactos com pares, colegas, profissionais da indústria e líderes na sua área ou em sectores relacionados. Plataformas como o LinkedIn, associações profissionais, conferências e seminários facilitam a criação de redes profissionais.

2. Redes sociais:

   Enquanto as redes profissionais se centram em objectivos relacionados com a carreira, as redes sociais abrangem interacções sociais mais amplas com amigos, conhecidos e comunidades. As plataformas de redes sociais, como o Facebook, o Twitter e o Instagram, são muito populares para a criação de redes sociais.

3. Redes empresariais:

   Os empresários estabelecem redes para estabelecer relações com potenciais investidores, parceiros, fornecedores e clientes. Os eventos de arranque, as incubadoras, os aceleradores e as comunidades empresariais oferecem oportunidades para a criação de redes empresariais.

4. Redes académicas:

Académicos, investigadores e estudantes trabalham em rede para colaborar em projectos de investigação, partilhar resultados, participar em conferências e aceder a oportunidades de financiamento. As instituições académicas, as organizações de investigação e as plataformas em linha, como a ResearchGate, facilitam a criação de redes académicas.

5. Criação de redes comunitárias:

O trabalho em rede no seio das comunidades locais ou de grupos de interesse ajuda os indivíduos a estabelecer contactos com pessoas que partilham as mesmas ideias, a participar em trabalho voluntário, a participar em eventos sociais e a contribuir para iniciativas de desenvolvimento comunitário.

6. Ligação em rede global:

Com os avanços tecnológicos e a globalização, o trabalho em rede tornou-se cada vez mais globalizado. As plataformas de redes virtuais, as comunidades em linha e as conferências internacionais permitem que os indivíduos se liguem a profissionais de todo o mundo, promovendo o intercâmbio e a colaboração interculturais.

Essencialmente, o trabalho em rede não se resume à troca de cartões de visita ou à adição de ligações nas redes sociais; trata-se de cultivar relações significativas, contribuir para um ecossistema de apoio e aproveitar as oportunidades de crescimento e desenvolvimento.

Capítulo 2 - FUNDAMENTOS DA REDE

VISÃO GERAL

No mundo interligado de hoje, as redes informáticas constituem a espinha dorsal da comunicação e da troca de dados, permitindo uma conetividade perfeita entre dispositivos, sistemas e utilizadores. Os fundamentos das redes englobam os princípios, conceitos e tecnologias fundamentais que regem a conceção, a implementação e o funcionamento destas redes. Na sua essência, a rede gira em torno da transmissão eficiente de dados através de dispositivos interligados, quer num ambiente local como uma casa ou um escritório (LAN), quer abrangendo áreas geográficas maiores (WAN), ou mesmo em todo o mundo através da Internet. Compreender os fundamentos da rede é essencial para qualquer pessoa envolvida em TI, telecomunicações ou qualquer área que dependa da tecnologia. Desde os componentes básicos das redes, como dispositivos e meios, até conceitos mais complexos, como protocolos, endereçamento e técnicas de transmissão de dados, os fundamentos da rede fornecem a base para a criação de redes fiáveis, seguras e escaláveis. Quer esteja a configurar uma rede de um pequeno escritório ou a gerir uma infraestrutura de uma empresa multinacional, é indispensável uma sólida compreensão dos fundamentos da rede. Esta introdução serve de porta de entrada para explorar o mundo multifacetado das redes de computadores, lançando as bases para uma exploração mais profunda de tópicos como arquitetura de rede, protocolos, segurança e tecnologias emergentes. Ao aprofundar os fundamentos da rede, os indivíduos adquirem os conhecimentos e as competências necessárias para navegar no panorama em evolução da comunicação e conetividade modernas.

1. PROTOCOLOS E NORMAS

Os protocolos e as normas são aspectos fundamentais das redes que garantem a interoperabilidade, a fiabilidade e a eficiência da comunicação entre dispositivos e sistemas. Vamos analisar cada um deles em pormenor:

Protocolos:

1. Definição:

   Os protocolos são conjuntos de regras, convenções e procedimentos que regem a forma como os dados são trocados e transmitidos entre dispositivos numa rede ou entre redes. Definem o formato, a sequência, o tratamento de erros e outros aspectos da comunicação para garantir a compatibilidade e a fiabilidade.

2. Tipos de protocolos:

   -Protocolo de Controlo de Transmissão/Protocolo de Internet (TCP/IP):

   O conjunto de protocolos de base da Internet, que inclui um conjunto de protocolos para transmissão de dados, endereçamento e encaminhamento.

   - Ethernet:

Um protocolo amplamente utilizado para redes locais (LAN), que define normas para enquadramento de dados, endereçamento (endereços MAC) e deteção de colisões.

- Protocolo Internet (IP):

Especifica os mecanismos de endereçamento e encaminhamento de pacotes de dados, permitindo a comunicação entre dispositivos em redes diferentes.

- Protocolo de datagrama do utilizador (UDP):

Um protocolo sem ligação que proporciona uma transmissão de dados mais rápida, mas menos fiável, em comparação com o TCP, normalmente utilizado para aplicações em tempo real, como a transmissão de voz e vídeo.

-   Protocolo de Transferência de Hipertexto (HTTP):

Facilita a comunicação entre servidores Web e clientes, definindo regras para o pedido e a entrega de páginas e recursos Web.

- Protocolo de transferência de correio simples (SMTP):

Utilizado para enviar mensagens de correio eletrónico entre servidores de correio, especificando a forma como as mensagens são formatadas e entregues.

- Protocolo de transferência de ficheiros (FTP):

Define normas para a transferência de ficheiros entre um cliente e um servidor através de uma rede, incluindo comandos para listar directórios, carregar e descarregar ficheiros.

3. Pilhas de protocolos:

Os protocolos são frequentemente organizados em arquitecturas em camadas, como o modelo OSI (Open Systems Interconnection) e o modelo TCP/IP, sendo cada camada responsável por funções específicas, como o encapsulamento de dados, o endereçamento e o tratamento de erros.

4. Implementação do protocolo:

Os protocolos são implementados tanto em hardware (por exemplo, placas de interface de rede, routers) como em software (por exemplo, sistemas operativos, bibliotecas de rede), permitindo que os dispositivos comuniquem eficazmente através de redes.

Normas:

1. Definição:

As normas são directrizes, especificações ou acordos estabelecidos que definem a uniformidade, compatibilidade e qualidade das tecnologias, produtos e práticas de ligação em rede. Asseguram que os dispositivos de diferentes fornecedores podem funcionar em conjunto sem problemas e aderir a práticas comuns.

2. Tipos de normas:

- Normas da camada física:

Especificar as características dos meios físicos (por exemplo, cabos, sinais sem fios) e das interfaces para a transmissão de dados, garantindo a compatibilidade entre dispositivos e redes.

- Normas da camada de ligação de dados:

Definir protocolos para enquadrar dados, aceder ao suporte de dados e detetar e corrigir erros, tais como as normas Ethernet e Wi-Fi.

- Normas da camada de rede:

Especificar mecanismos de endereçamento, encaminhamento e reencaminhamento de pacotes de dados, permitindo a comunicação inter-redes, exemplificada pelo IP e por protocolos de encaminhamento como o OSPF e o BGP.

- Normas da camada de transporte:

Gerir mecanismos fiáveis de transmissão de dados, controlo do fluxo e recuperação de erros, sendo o TCP e o UDP exemplos proeminentes.

- Normas da camada de aplicação:

Definir protocolos e formatos para serviços e aplicações de rede específicos, incluindo HTTP, SMTP, FTP e DNS.

3. Organismos de normalização:

As normas são desenvolvidas e mantidas por várias organizações, incluindo:

- IEEE (Instituto de Engenheiros Eléctricos e Electrónicos):

Desenvolve normas para tecnologias de comunicação com e sem fios, como a Ethernet e o Wi-Fi.

- ISO (Organização Internacional de Normalização):

Publica normas para protocolos de rede, incluindo o modelo OSI e normas relacionadas.

- IETF (Internet Engineering Task Force):

Responsável pelo desenvolvimento e promoção de normas para a Internet, incluindo protocolos e aplicações TCP/IP.

- UIT (União Internacional das Telecomunicações):

Estabelece normas globais para as telecomunicações, incluindo protocolos e tecnologias de ligação em rede.

4. Benefícios das normas:

As normas facilitam a interoperabilidade, a neutralidade dos fornecedores, a escalabilidade e a inovação nas tecnologias e soluções de ligação em rede. Permitem a integração perfeita de diversos dispositivos e sistemas, promovem a concorrência e a compatibilidade e impulsionam os avanços na tecnologia de ligação em rede.

Em resumo, os protocolos e as normas são elementos essenciais das redes que fornecem o quadro e as directrizes para a comunicação, a interoperabilidade e a garantia de qualidade nas redes modernas. Asseguram que os dispositivos, sistemas e aplicações podem comunicar de forma eficaz e fiável, promovendo a conetividade e a inovação na era digital.

2. MODELO OSI E CONJUNTO DE PROTOCOLOS TCP/IP

Vamos analisar em pormenor o modelo OSI e o conjunto de protocolos TCP/IP: **Modelo OSI:**

O modelo OSI (Open Systems Interconnection) é um quadro concetual que normaliza a comunicação em rede em sete camadas distintas, cada uma delas responsável por funções específicas (apresentado na figura 1). Serve de orientação para a conceção e implementação de protocolos e sistemas de rede, facilitando a interoperabilidade entre diferentes fornecedores de hardware e software. Segue-se uma descrição de cada camada:

1. Camada física (Camada 1):

- Responsável pela transmissão de bits de dados brutos através do meio físico (por exemplo, cabos, sinais sem fios).

- Define características como níveis de tensão, tipos de cabos, taxas de dados e técnicas de modulação.

- Exemplos incluem Ethernet, Wi-Fi e normas de fibra ótica.

2. Camada de ligação de dados (Camada 2):

- Fornece deteção e correção de erros, bem como o enquadramento e endereçamento de pacotes de dados.

- Dividido em duas subcamadas: LLC (Logical Link Control) e MAC (Media Access Control).

- Os exemplos incluem Ethernet, PPP (Point-to-Point Protocol) e HDLC (High-Level Data Link Control).

3. Camada de rede (Camada 3):

- Responsável pelo endereçamento lógico, encaminhamento e reencaminhamento de pacotes de dados entre dispositivos em diferentes redes.

- Define protocolos como o IP (Internet Protocol) para endereçamento e encaminhamento.

- Os exemplos incluem IPv4, IPv6 e protocolos de encaminhamento como OSPF e BGP.

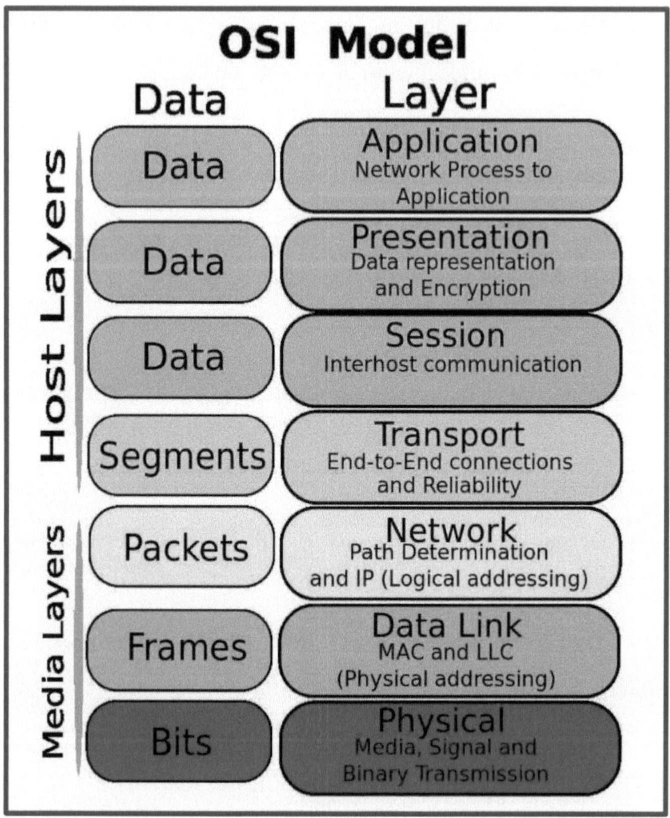

Figura 1: Modelo OSI

4. Camada de transporte (Camada 4):

- Garante uma transmissão de dados fiável de ponta a ponta, controlo de fluxo e recuperação de erros.

- Fornece serviços como a segmentação, a remontagem e o reconhecimento de pacotes de dados.

- Os exemplos incluem o TCP (Transmission Control Protocol) e o UDP (User Datagram Protocol).

5. Camada de sessão (Camada 5):

- Gere sessões entre aplicações em diferentes dispositivos, estabelecendo, mantendo e terminando ligações.

- Trata da sincronização, do ponto de controlo e da recuperação de sessões de troca de dados.

- Os exemplos incluem o NetBIOS (Network Basic Input/Output System) e o RPC (Remote Procedure Call).

6. Camada de apresentação (Camada 6):

- Traduz, encripta ou comprime dados para garantir a compatibilidade entre diferentes sistemas e aplicações.

- Trata da formatação, conversão e encriptação/desencriptação de dados. - Os exemplos incluem JPEG, MPEG, SSL/TLS e ASCII.

7. Camada de aplicação (Camada 7):

- Fornece serviços de rede e interfaces para aplicações do utilizador, permitindo a interação com a rede.

- Implementa protocolos e normas para aplicações e serviços específicos.

- Os exemplos incluem HTTP, FTP, SMTP, DNS e SNMP.

Conjunto de protocolos TCP/IP:

O conjunto de protocolos TCP/IP (Transmission Control Protocol/Internet Protocol) (apresentado na figura 2) é a pilha de protocolos de base da Internet, incluindo um conjunto de protocolos para transmissão de dados, endereçamento e encaminhamento. Baseia-se numa arquitetura de quatro camadas e é amplamente utilizado tanto em redes locais como em redes de área alargada.

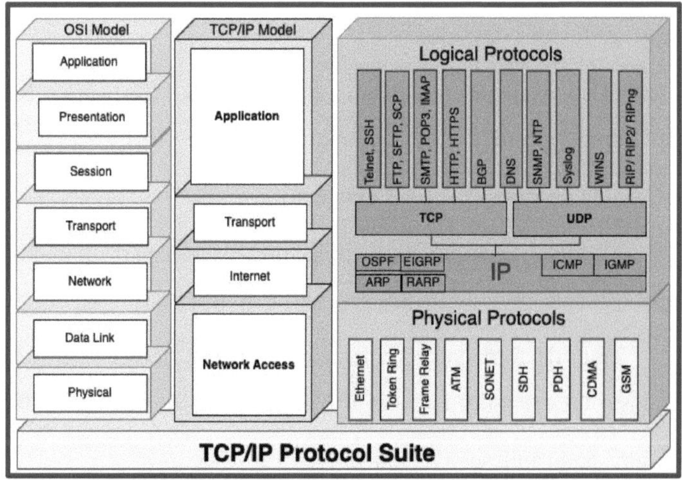

Figura 2: Conjunto de protocolos TCP/IP

Aqui está uma visão geral de cada camada:

1. Camada de interface de rede:

- Equivalente às camadas física e de ligação de dados do modelo OSI.

- Trata da transmissão física de dados através do meio de rede.

- Os exemplos incluem Ethernet, Wi-Fi, PPP e HDLC.

2. Camada Internet:

- Equivalente ao nível de rede do modelo OSI.

- Responsável pelo endereçamento, encaminhamento e fragmentação dos pacotes de dados.

- O protocolo principal é o IP (IPv4 ou IPv6).

- Inclui também ICMP (Internet Control Message Protocol) para comunicação e gestão de erros.

3. Camada de transporte:

- Equivalente ao nível de transporte do modelo OSI.

- Garante uma transmissão de dados fiável de ponta a ponta, controlo de fluxo e recuperação de erros.

- Os protocolos principais são o TCP (Transmission Control Protocol) para uma transmissão fiável e o UDP (User Datagram Protocol) para uma transmissão sem ligação.

4. Camada de aplicação:

- Equivalente às camadas de Sessão, Apresentação e Aplicação do modelo OSI.

- Fornece serviços de rede e interfaces para aplicações do utilizador.

- Inclui protocolos como HTTP, FTP, SMTP, DNS e DHCP.

O conjunto de protocolos TCP/IP é a espinha dorsal da Internet e é amplamente utilizado em ambientes de rede devido à sua simplicidade, escalabilidade e robustez. Constitui a base de várias tecnologias e serviços de rede, permitindo a comunicação global e a conetividade entre diversos dispositivos e sistemas.

Capítulo 3 - DISPOSITIVOS E INFRA-ESTRUTURA DE REDES

VISÃO GERAL

Os dispositivos e a infraestrutura de rede constituem a espinha dorsal da comunicação moderna, permitindo a troca ininterrupta de dados e informações em redes locais e globais. Desde simples configurações domésticas a ambientes empresariais complexos, compreender os vários dispositivos e componentes da infraestrutura é essencial para conceber, implementar e manter redes fiáveis e eficientes.

Importância dos dispositivos e da infraestrutura de rede:

No mundo interligado de hoje, as redes são parte integrante de quase todos os aspectos das nossas vidas, desde o acesso à Internet e a partilha de ficheiros até à realização de transacções comerciais e à comunicação com outras pessoas. Os dispositivos e infra-estruturas de rede desempenham um papel crucial na facilitação destas interacções, fornecendo as soluções de hardware, software e conetividade necessárias.

Tipos de dispositivos de rede:

1. Routers:

   Dispositivos que encaminham pacotes de dados entre diferentes redes, determinando o caminho ótimo para a transmissão de dados com base em tabelas e protocolos de encaminhamento.

2. Interruptores:

Dispositivos que ligam vários dispositivos numa rede local (LAN) e reencaminham pacotes de dados com base em endereços MAC, melhorando a eficiência da rede e a utilização da largura de banda.

3. Cubos:

Dispositivos que ligam vários dispositivos numa LAN, mas, ao contrário dos comutadores, transmitem pacotes de dados a todos os dispositivos ligados, o que conduz a um potencial congestionamento e a uma diminuição do desempenho.

4. Pontos de acesso:

Dispositivos que permitem a ligação de dispositivos sem fios a uma rede com fios, proporcionando conetividade sem fios em casas, escritórios e espaços públicos.

5. Modems:

Dispositivos que modulam e desmodulam dados digitais para permitir a comunicação entre dispositivos digitais e canais de comunicação analógicos, como linhas telefónicas ou sistemas de cabo.

6. Firewalls:

Dispositivos ou aplicações de software que monitorizam
e controlam o tráfego de entrada e saída da rede, aplicando
políticas de segurança e protegendo contra o acesso não
autorizado e as ciberameaças.

7. Balanceadores de carga:

Dispositivos que distribuem o tráfego de entrada da rede
por vários servidores ou recursos para otimizar o
desempenho, a disponibilidade e a fiabilidade.

8. Armazenamento ligado à rede (NAS):

Dispositivos que fornecem armazenamento centralizado e
serviços de partilha de ficheiros a vários utilizadores e
dispositivos através de uma rede.

Componentes da infraestrutura de rede:

1. Suporte físico:

Meios de transmissão como cabos (por exemplo,
Ethernet, fibra ótica) e sinais sem fios (por exemplo, Wi-Fi,
Bluetooth) utilizados para transmitir dados entre
dispositivos.

2. Topologia de rede:

A disposição física ou lógica dos dispositivos e ligações
de rede, como as topologias em estrela, barramento, anel e
malha, que afectam o desempenho, a escalabilidade e a
tolerância a falhas da rede.

3. Serviços de rede:

Aplicações de software, protocolos e normas que facilitam a comunicação, a troca de dados e a partilha de recursos numa rede, incluindo DNS (Domain Name System), DHCP (Dynamic Host Configuration Protocol) e SNMP (Simple Network Management Protocol).

4. Segurança de rede:

Medidas e tecnologias implementadas para proteger a infraestrutura de rede, os dados e os recursos contra o acesso não autorizado, as ciberameaças e as violações de dados, incluindo encriptação, autenticação, controlo de acesso e sistemas de deteção de intrusões (IDS) e sistemas de prevenção de intrusões (IPS).

Compreender os dispositivos e a infraestrutura de rede é essencial para criar redes resilientes, escaláveis e seguras que satisfaçam as diversas necessidades dos utilizadores e das organizações na era digital atual. Quer se trate da configuração de uma pequena rede doméstica ou da gestão de uma infraestrutura de uma grande empresa, o conhecimento dos dispositivos de rede e dos componentes da infraestrutura é fundamental para obter um desempenho e uma fiabilidade óptimos da rede.

1. ROUTERS, SWITCHES E HUBS

Vamos explorar os routers, switches e hubs em pormenor:

Routers:

1. Funcionalidade:

- Os routers são dispositivos de rede (apresentados na figura 3) que funcionam no nível de rede (nível 3) do modelo OSI.

- A sua principal função é encaminhar pacotes de dados entre diferentes redes, determinando o caminho ótimo para a transmissão com base em tabelas de encaminhamento e protocolos como o RIP, OSPF e BGP.

- Os routers utilizam endereços IP para tomar decisões de encaminhamento e podem ligar redes de diferentes tipos, como LANs, WANs e a Internet.

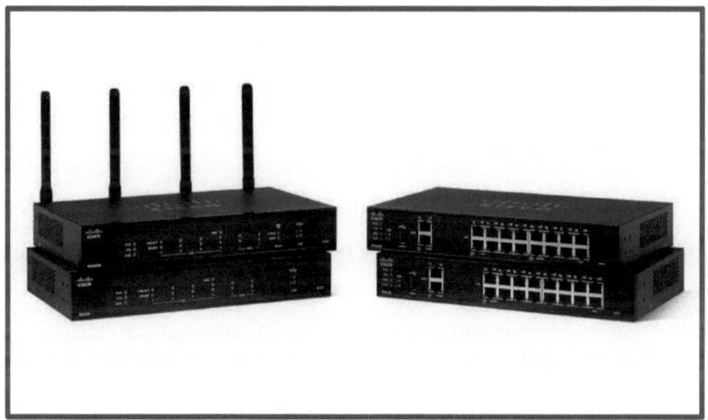

Figura 3: Routers

2. Características principais:

- Encaminhamento:

Os routers analisam os pacotes de dados que chegam e determinam o caminho mais eficiente para chegar ao destino com base na topologia da rede e nos algoritmos de encaminhamento.

- Encaminhamento de pacotes:

Os routers encaminham os pacotes de dados entre redes, examinando o endereço IP de destino e seleccionando a interface de saída adequada.

- Tradução de endereços de rede (NAT):

Muitos routers incluem a funcionalidade NAT, que permite que vários dispositivos de uma rede privada partilhem um único endereço IP público para acesso à Internet.

- Firewall:

Os routers incluem frequentemente capacidades de firewall para filtrar o tráfego de entrada e de saída com base em regras predefinidas, aumentando a segurança da rede.

3. Tipos de encaminhadores:

- Routers domésticos: Normalmente utilizados em ambientes residenciais para fornecer acesso à Internet a vários dispositivos numa rede doméstica.

- Routers empresariais: Concebidos para utilização em grandes redes empresariais, centros de dados e ambientes de fornecedores de serviços, oferecendo funcionalidades avançadas, escalabilidade e fiabilidade.

- Roteadores de borda: Posicionados na extremidade de uma rede, ligando-a a redes externas, como a Internet ou outras WANs.

- Routers de núcleo: Routers de elevado desempenho utilizados no núcleo de redes de grande escala para encaminhar eficazmente os dados entre várias redes interligadas.

Interruptores:

1. Funcionalidade:

- Os comutadores (apresentados na figura 4) são dispositivos de rede que funcionam no nível de ligação de dados (nível 2) do modelo OSI.

- A sua principal função é ligar vários dispositivos numa rede local (LAN) e encaminhar os quadros de dados entre eles com base nos endereços MAC.

- Os comutadores utilizam tabelas de endereços MAC para saber os endereços MAC dos dispositivos ligados e determinar a porta adequada para encaminhar os quadros de dados de entrada.

Figura 4: Interruptores

2. Características principais:

- Aprendizagem de endereços MAC: Os switches aprendem dinamicamente os endereços MAC dos dispositivos ligados através da monitorização do tráfego de dados de entrada, armazenando esta informação numa tabela de endereços MAC.

- Encaminhamento de pacotes: Os comutadores encaminham os quadros de dados apenas para o dispositivo destinatário pretendido com base no seu endereço MAC, melhorando a eficiência da rede e reduzindo as colisões.

- Suporte a VLANs: Muitos switches suportam LANs virtuais (VLANs), que permitem aos administradores de rede segmentar uma única rede física em várias redes lógicas para melhorar a segurança e o desempenho.

- Qualidade de serviço (QoS): Os switches podem dar prioridade a determinados tipos de tráfego de rede (por exemplo, voz ou vídeo) através da implementação de mecanismos de QoS, assegurando um desempenho ótimo para aplicações críticas.

3. Tipos de comutadores:

- Switches não geridos: Switches básicos que funcionam de imediato, sem necessidade de configuração, ideais para pequenas redes domésticas ou de escritório.

- Switches gerenciados: Oferecem funcionalidades avançadas, tais como suporte de VLAN, QoS, espelhamento de portas e gestão SNMP, proporcionando um maior controlo e flexibilidade na gestão da rede.

- Switches de camada 2: Funcionam na camada de ligação de dados e encaminham principalmente dados com base em endereços MAC.

- Switches de camada 3: Combinam a funcionalidade de switches e routers, capazes de encaminhar pacotes IP a alta velocidade dentro da LAN, reduzindo a necessidade de routers separados.

Cubos:

1. Funcionalidade:

- Os hubs (apresentados na figura 5) são dispositivos de rede que funcionam no nível físico (nível 1) do modelo OSI.

- Servem como pontos de ligação centrais para vários dispositivos numa rede, permitindo-lhes comunicar entre si.

- Ao contrário dos comutadores, os hubs funcionam num domínio de difusão, o que significa que difundem os pacotes de dados recebidos para todos os dispositivos ligados, independentemente do destinatário pretendido.

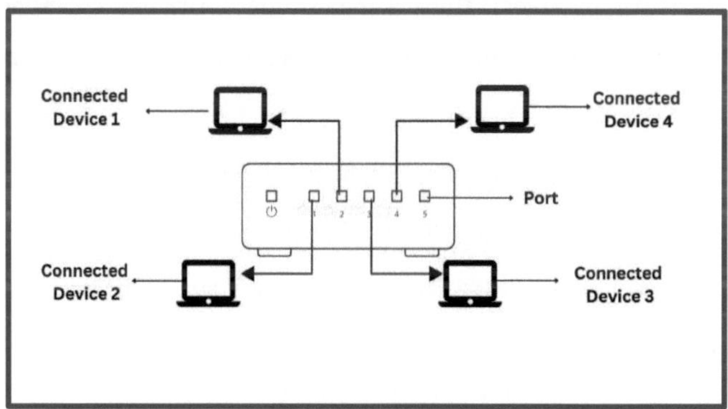

Figura 5: Hubs

2. Características principais:

- Difusão: Os hubs difundem indiscriminadamente os pacotes de dados de entrada para todos os dispositivos ligados, o que leva a potenciais colisões e a uma diminuição do desempenho da rede.

- Sem aprendizagem de endereços: Ao contrário dos switches, os hubs não aprendem endereços MAC nem mantêm tabelas de endereços MAC, uma vez que funcionam apenas na camada física.

- Desempenho limitado: Os hubs partilham a largura de banda disponível entre todos os dispositivos ligados, o que leva a congestionamentos e a um desempenho reduzido à medida que o número de dispositivos aumenta.

- Tecnologia obsoleta: Devido às suas limitações e ineficiências, os hubs foram largamente substituídos por switches nas redes modernas.

3. Tipos de hubs:

- Hubs passivos: Hubs simples que fornecem conetividade básica sem quaisquer componentes activos ou amplificação de sinal.

- Hubs activos: Incluem amplificação de sinal incorporada para aumentar o alcance da rede, sendo frequentemente utilizados em instalações maiores ou ligações de longa distância.

- Hubs inteligentes: Oferecem funcionalidades adicionais, como gestão remota, diagnóstico e capacidades de monitorização, proporcionando maior visibilidade e controlo sobre a rede.

Em resumo, os routers, switches e hubs são componentes essenciais da infraestrutura de rede, servindo cada um deles funções distintas e desempenhando um papel fundamental na facilitação da comunicação e troca de dados em redes de diferentes dimensões e complexidades. Compreender as suas capacidades, características e aplicações é essencial para conceber, implementar e gerir ambientes de rede robustos e eficientes.

2. MODEMS E GATEWAYS

Com certeza! Vamos explorar os modems e as gateways em pormenor:

Modems:

1. Funcionalidade:

- Os modems (abreviatura de modulador-demodulador) (apresentados na figura 6) são dispositivos que facilitam a comunicação entre dispositivos digitais e canais de comunicação analógicos, como linhas telefónicas ou sistemas de cabo.

- Modulam os dados digitais em sinais analógicos para transmissão através de canais de comunicação analógicos e desmodulam os sinais analógicos de volta para dados digitais na extremidade recetora.

- Os modems permitem que dispositivos como computadores, routers e comutadores transmitam dados através de vários meios de comunicação, incluindo linhas telefónicas (DSL), sistemas de cabo (modems de cabo), cabos de fibra ótica e redes sem fios (modems sem fios).

Figura 6: Modems

2. Tipos de modems:

- Modems DSL: Utilizados para ligar à Internet através de linhas telefónicas DSL (Digital Subscriber Line), oferecendo acesso de banda larga de alta velocidade a utilizadores residenciais e empresariais.

- Modems de cabo: Ligam-se a redes de televisão por cabo para fornecer acesso à Internet, aproveitando a infraestrutura de cabo coaxial existente para fornecer serviços de banda larga.

- Modems de fibra: Interface com cabos de fibra ótica para transmitir dados a alta velocidade em longas distâncias, oferecendo ligações à Internet de velocidade gigabit para casas e empresas.

- Modems sem fios: Incluem modems celulares (por exemplo, 3G, 4G, 5G) e modems de satélite, permitindo a comunicação sem fios através de redes celulares ou ligações de satélite em áreas sem infra-estruturas com fios.

3. Características principais:

- Transmissão de dados: Os modems convertem dados digitais em sinais analógicos para transmissão através de canais de comunicação e vice-versa, permitindo a comunicação entre dispositivos digitais e redes analógicas.

- Codificação e compressão: Alguns modems utilizam técnicas de codificação e compressão para otimizar a transmissão de dados e melhorar a eficiência, maximizando o débito e reduzindo a latência.

- Correção de erros: Os modems podem incluir mecanismos de correção de erros para detetar e corrigir erros introduzidos durante a transmissão de dados, garantindo a integridade e a fiabilidade dos dados.

4. Aplicações:

- Acesso residencial à Internet: Os modems são normalmente utilizados em casas para ligar computadores, smartphones e outros dispositivos à Internet através de ligações DSL, por cabo, fibra ou sem fios.

- Conectividade empresarial: As empresas utilizam modems para estabelecer ligações à Internet de alta velocidade para redes de escritórios, acesso remoto, VoIP (Voice over Internet Protocol) e serviços em nuvem.

- Aplicações industriais: Os modems são utilizados em ambientes industriais para monitorização, controlo e automatização remotos de máquinas, equipamento e infra-estruturas, utilizando comunicações sem fios ou por satélite.

Portas de entrada:

1. Funcionalidade:

- As gateways são dispositivos de rede (apresentados na figura 7) que servem de pontos de entrada e saída entre diferentes redes, facilitando a comunicação e o intercâmbio de dados entre sistemas e protocolos diferentes.

- Traduzem dados entre diferentes protocolos, formatos e normas de comunicação para permitir a interoperabilidade e a integração perfeita entre redes.

- As gateways fornecem frequentemente funcionalidades adicionais, como a tradução de protocolos, a aplicação da segurança e a gestão da rede.

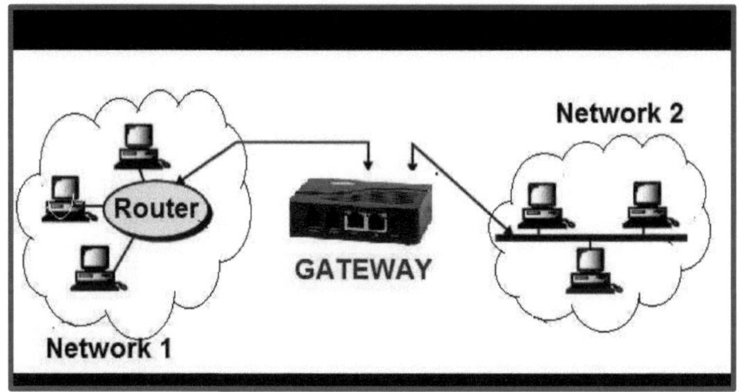

Figura 7: Gateway

2. Tipos de gateways:

- Gateways de rede: Ligam diferentes tipos de redes, como LANs, WANs e a Internet, para permitir a comunicação entre dispositivos e sistemas que utilizam diferentes protocolos e tecnologias.

- Gateways de protocolo: Traduzem dados entre diferentes protocolos e normas de rede, como TCP/IP, IPX/SPX e SNA (Systems Network Architecture), permitindo que os dispositivos que utilizam protocolos incompatíveis comuniquem entre si.

- Gateways de aplicação: Fornecem controlo de acesso, autenticação e aplicação de segurança para aplicações ou serviços específicos, tais como servidores Web, servidores de correio eletrónico e sistemas VoIP.

- Gateways de nuvem: Conectar redes locais a serviços e recursos baseados em nuvem, permitindo implantações de

41

nuvem híbrida e integração perfeita entre ambientes locais e de nuvem.

3. Características principais:

- Conversão de protocolos: As gateways traduzem dados entre diferentes protocolos e normas de comunicação para garantir a compatibilidade e a interoperabilidade entre sistemas e redes diferentes.

- Aplicação de segurança: Muitas gateways incluem funcionalidades de segurança, como firewall, deteção/prevenção de intrusões, terminação de VPN (Rede Privada Virtual) e filtragem de conteúdos para proteger as redes contra ameaças cibernéticas e acesso não autorizado.

- Encaminhamento e reencaminhamento: As gateways encaminham os dados entre redes com base nos endereços de destino, tomando decisões de encaminhamento para garantir uma transmissão e entrega eficientes dos dados.

- Integração de aplicações: As gateways de aplicações fornecem tradução de protocolos, transformação de dados e mediação de serviços para permitir uma integração e comunicação perfeitas entre aplicações executadas em diferentes plataformas e ambientes.

4. Aplicações:

- Interligação de redes: As gateways são utilizadas para ligar redes de diferentes tipos e tecnologias, como LANs, WANs e a Internet, permitindo a comunicação entre dispositivos e sistemas que utilizam diversos protocolos e normas.

- Integração entre plataformas: As gateways facilitam a integração entre sistemas, aplicações e serviços heterogéneos, permitindo-lhes trocar dados e interagir sem problemas, apesar das diferenças de protocolos, formatos e arquitecturas.

- Segurança e controlo de acesso: As gateways desempenham um papel crucial na aplicação de políticas de segurança, no controlo do acesso a redes e recursos e na proteção contra ameaças cibernéticas e tentativas de acesso não autorizado.

Em resumo, os modems e as gateways são componentes essenciais da infraestrutura de rede que permitem a comunicação, a conetividade e a interoperabilidade entre dispositivos, sistemas e redes que utilizam diferentes protocolos, tecnologias e meios. Compreender as suas funcionalidades, características e aplicações é crucial para conceber, implementar e gerir ambientes de rede robustos e eficientes em vários contextos e indústrias.

3. CABLAGEM E CONECTIVIDADE

A cablagem e a conetividade são componentes cruciais de qualquer infraestrutura de rede, quer se trate de uma pequena instalação doméstica ou de um ambiente de uma grande empresa. Aqui está uma visão geral:

1. Tipos de cabos:

- Cabos Ethernet (par entrançado): Cat5e, Cat6, Cat6a, Cat7 são tipos comuns utilizados para a ligação em rede, sendo o Cat5e mais antigo e o Cat7 de melhor desempenho.

- Cabos de fibra ótica: Transmitem dados utilizando impulsos de luz, oferecendo conetividade de alta velocidade e de longa distância. Os tipos mais comuns incluem fibras monomodo e multimodo.

- Cabos coaxiais: Frequentemente utilizados para televisão por cabo e ligações à Internet de banda larga.

- Cabos USB: Principalmente para ligar dispositivos periféricos a computadores.

- Cabos HDMI: Para ligar dispositivos de áudio/vídeo como televisores, monitores e consolas de jogos.

2. Conectores:

- RJ45: Normalmente utilizado para ligações Ethernet.

- LC, SC, ST: Utilizados para ligações de fibra ótica.

- USB-A, USB-B, USB-C: Para ligações USB.

- HDMI: Utilizado para ligações áudio/vídeo.

3. Topologias de rede:

- Topologia em estrela: Os dispositivos estão ligados a um switch ou hub central.

- Topologia de barramento: Todos os dispositivos estão ligados a um único cabo, formando um bus.

- Topologia em anel: Os dispositivos estão ligados num circuito fechado.

- Topologia em malha: Cada dispositivo está ligado a todos os outros dispositivos da rede.

4. Factores que influenciam a seleção de cabos:

- Distância: Os cabos de fibra ótica são preferíveis para distâncias maiores.

- Velocidade: A Cat6 e superior são adequadas para redes gigabit e de velocidade superior.

- Interferências: Os cabos blindados são utilizados em ambientes com elevada interferência electromagnética.

- Custo: Os cabos de fibra ótica são mais caros do que os cabos Ethernet.

5. Instalação e manutenção:

- Os cabos devem ser instalados corretamente para evitar emaranhados e interferências de sinal.

- A manutenção regular inclui a verificação de danos nos cabos, da integridade dos conectores e da intensidade do sinal.

6. Conectividade sem fios:

- Embora os cabos sejam a escolha tradicional para a conetividade, as tecnologias sem fios, como o Wi-Fi e o Bluetooth, estão a tornar-se cada vez mais populares devido à sua comodidade e flexibilidade.

- No entanto, as ligações por cabo continuam a oferecer vantagens em termos de fiabilidade, segurança e velocidade.

7. Tendências futuras:

- Com a crescente procura de Internet de alta velocidade e de aplicações com grande volume de dados, há uma evolução contínua das normas e tecnologias de cablagem para satisfazer estas exigências.

- Espera-se que os avanços na tecnologia da fibra ótica aumentem ainda mais as velocidades de transmissão de dados e as capacidades de largura de banda.

Essencialmente, a cablagem e a conetividade são a espinha dorsal dos sistemas de comunicação modernos, permitindo a transferência ininterrupta de dados através de redes de diferentes dimensões e complexidades.

Capítulo 4 - TOPOLOGIAS DE REDE

As topologias de rede servem como um plano de como os dispositivos são interconectados em uma rede, definindo a estrutura e o layout dos caminhos de transmissão de dados. Entender as topologias de rede é fundamental para projetar, implementar e solucionar problemas de redes de qualquer escala. Desde pequenas configurações de escritório a vastos ambientes empresariais, a escolha da topologia tem impacto em factores como o desempenho, a escalabilidade, a fiabilidade e a relação custo-eficácia. Ao explorar diferentes topologias de rede, obtemos uma visão dos seus pontos fortes, pontos fracos e adequação a casos de utilização específicos, lançando as bases para infra-estruturas de rede eficientes e resilientes.

1. TOPOLOGIAS EM ESTRELA, BARRAMENTO, ANEL, MALHA E HÍBRIDAS

Vamos aprofundar cada topologia de rede:

1. Topologia em estrela:

- Numa topologia em estrela, todos os dispositivos estão ligados a um hub ou switch central.

- Cada dispositivo tem uma ligação dedicada ao hub central, formando uma estrutura em estrela.

- A comunicação entre dispositivos é facilitada através do hub central, que gere o tráfego de dados.

- As vantagens incluem gestão centralizada, fácil resolução de problemas e escalabilidade através da simples adição de mais dispositivos.

- No entanto, a falha do hub central pode fazer cair toda a rede e requer mais cablagem do que algumas outras topologias.

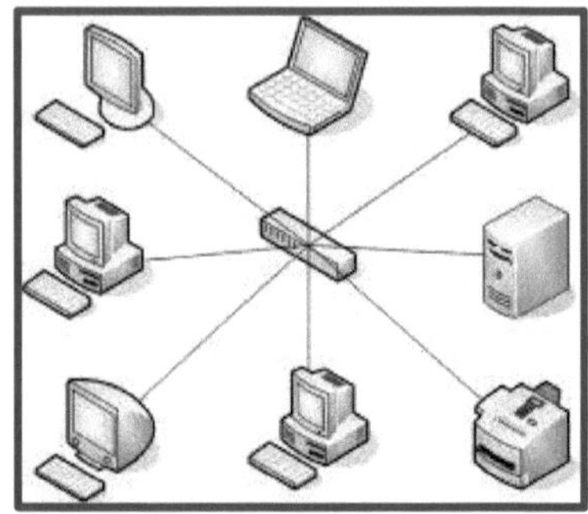

2. Topologia de barramento:

- Numa topologia de barramento, todos os dispositivos estão ligados a um único cabo principal, formando uma estrutura linear.

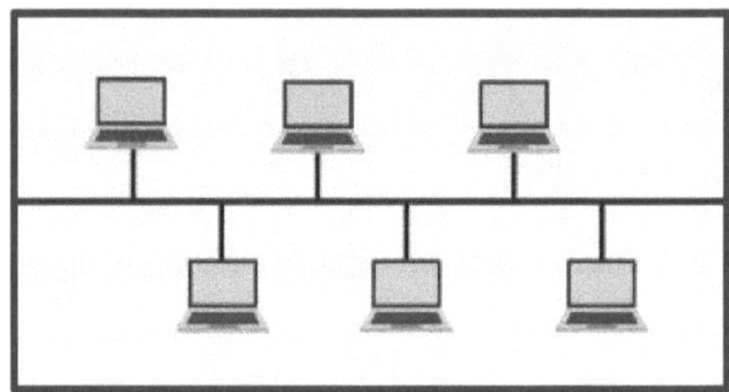

- Os dados viajam ao longo do cabo principal e os dispositivos recebem os dados relevantes detectando o seu endereço único ou transmitindo-os a todos os dispositivos.

- As vantagens incluem a simplicidade de conceção e a relação custo-eficácia devido aos requisitos mínimos de cablagem.

- No entanto, toda a rede pode ser afetada se o cabo principal falhar ou se houver problemas com os terminais nas extremidades do cabo.

3. Topologia em anel:

- Numa topologia em anel, os dispositivos estão ligados num circuito fechado, com cada dispositivo ligado a dois dispositivos vizinhos.

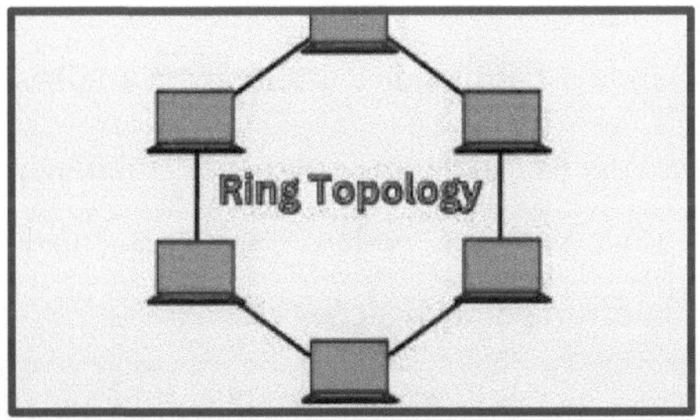

- Os dados viajam numa direção à volta do anel, passando por cada dispositivo até chegarem ao seu destino.

- As vantagens incluem a simplicidade de conceção e a igualdade de acesso à rede para todos os dispositivos.

- No entanto, a falha de um único dispositivo ou ligação pode perturbar toda a rede e pode ser difícil resolver o problema.

4. Topologia de malha:

- Numa topologia em malha, cada dispositivo está ligado a todos os outros dispositivos da rede, formando uma malha totalmente interligada.

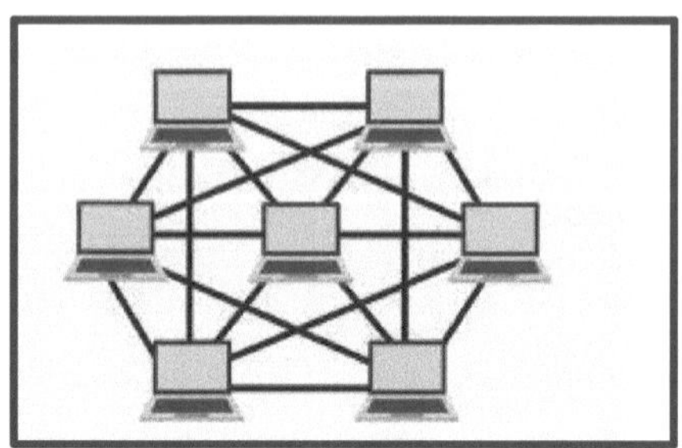

- Os dados podem seguir vários caminhos para chegar ao seu destino, aumentando a fiabilidade e a tolerância a falhas.

- As vantagens incluem robustez, tolerância a falhas e escalabilidade, uma vez que podem ser acrescentados dispositivos adicionais sem interromper as ligações existentes.

- No entanto, as topologias em malha requerem uma quantidade significativa de cabos e podem ser complexas de gerir e configurar.

5. Topologia híbrida:

- Uma topologia híbrida combina duas ou mais topologias básicas, como uma combinação de estrela e barramento, estrela e anel, ou qualquer outra combinação.

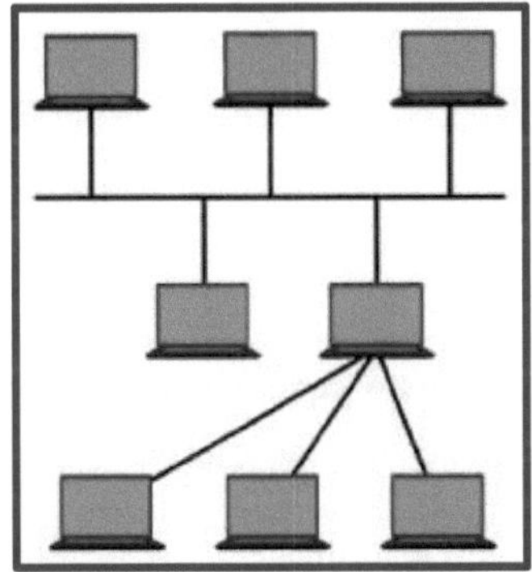

- Isto permite flexibilidade na conceção de redes que satisfaçam requisitos específicos, como a combinação da simplicidade de uma topologia em estrela com a tolerância a falhas de uma topologia em malha.

- As vantagens incluem a capacidade de adaptar a rede às necessidades da organização, optimizando o desempenho, a fiabilidade e a escalabilidade.

- No entanto, as topologias híbridas podem ser mais complexas de conceber, implementar e manter do que as topologias básicas.

Em resumo, cada topologia de rede oferece vantagens e desafios únicos, e a escolha depende de factores como a dimensão da rede, os requisitos de desempenho, a tolerância a falhas e as restrições orçamentais. Compreender as características de cada topologia é essencial para a conceção de infra-estruturas de rede robustas e eficientes.

2. VANTAGENS E DESVANTAGENS DE CADA TOPOLOGIA

Vamos aprofundar as vantagens e desvantagens de cada topologia de rede:

1. Topologia em estrela:

Vantagens:

- Gerenciamento centralizado: O hub ou switch central simplifica a administração da rede e a resolução de problemas.

- Fácil escalabilidade: Os dispositivos podem ser adicionados ou removidos sem afetar o resto da rede, tornando-a adequada para redes de pequena e média dimensão.

- Isolamento de falhas: Se um dispositivo ou ligação falhar, normalmente só afecta esse dispositivo em particular, minimizando o tempo de inatividade da rede.

- Melhor desempenho: Cada dispositivo tem a sua própria ligação dedicada ao hub central, reduzindo as colisões de dados e melhorando a eficiência da rede.

Desvantagens:

- Ponto único de falha: Se o hub ou switch central falhar, toda a rede fica inacessível até que o problema seja resolvido.

- Escalabilidade limitada: As redes de grande escala podem exigir uma quantidade significativa de cabos para ligar todos os dispositivos ao hub central, o que leva a um aumento dos custos e da complexidade.

2. Topologia de barramento:

Vantagens:

- Simplicidade: As topologias de barramento são fáceis de configurar e requerem um mínimo de cablagem, o que as torna económicas para pequenas redes.

- Fácil de expandir: Podem ser acrescentados dispositivos adicionais ligando-os simplesmente ao cabo principal, sem interromper as ligações existentes.

- Igualdade de acesso: Todos os dispositivos têm igual acesso à largura de banda da rede, uma vez que os dados são transmitidos ao longo do cabo principal.

Desvantagens:

- Ponto único de falha: Se o cabo principal falhar ou se houver problemas com os terminais, toda a rede pode ser afetada.

- Escalabilidade limitada: À medida que o número de dispositivos aumenta, o cabo principal pode tornar-se um ponto de estrangulamento, conduzindo a problemas de desempenho.

- Dificuldade na resolução de problemas: A identificação de falhas e a sua localização ao longo do cabo principal pode ser um desafio.

3. Topologia em anel:

Vantagens:

- Acesso igual: Tal como nas topologias de barramento, todos os dispositivos têm igual acesso à largura de banda da rede.

- Simplicidade: As topologias em anel são relativamente simples de conceber e implementar, o que as torna adequadas para pequenas redes.

- Sem colisões: Os dados viajam numa única direção à volta do anel, eliminando a possibilidade de colisões de dados.

Desvantagens:

- Ponto único de falha: Se um dispositivo ou ligação falhar, toda a rede pode ser afetada.

- Escalabilidade limitada: A adição ou remoção de dispositivos pode perturbar toda a rede, uma vez que requer a reconfiguração do anel.

- Difícil de solucionar problemas: A localização de falhas numa topologia em anel pode ser um desafio, uma vez que requer o isolamento do dispositivo ou da ligação defeituosa sem interromper o funcionamento da rede.

4. Topologia de malha:

Vantagens:

- Robustez: As topologias em malha oferecem uma elevada tolerância a falhas, uma vez que os dados podem seguir vários caminhos para chegar ao seu destino, reduzindo o risco de inatividade da rede.

- Escalabilidade: As topologias em malha podem facilmente acomodar novos dispositivos sem interromper as ligações existentes, tornando-as adequadas para redes de grande escala.

- Desempenho: Com vários caminhos disponíveis, os dados podem ser transmitidos de forma mais eficiente, melhorando o desempenho da rede.

Desvantagens:

- Complexidade: As topologias em malha totalmente interligadas requerem uma quantidade significativa de cabos e podem ser complexas de conceber, implementar e gerir.

- Custo: A extensa cablagem necessária para as topologias em malha pode ser dispendiosa, especialmente para redes de grandes dimensões.

- Sobrecarga de configuração: Gerir e configurar as numerosas ligações numa topologia em malha pode consumir muito tempo e recursos.

5. Topologia híbrida:

Vantagens:

- Flexibilidade: As topologias híbridas permitem às organizações adaptar a rede às suas necessidades específicas, combinando as vantagens de diferentes topologias.

- Otimização: Ao combinar diferentes topologias, as organizações podem otimizar o desempenho, a fiabilidade e a escalabilidade da rede para satisfazer as suas necessidades.

- Tolerância a falhas: As topologias híbridas podem oferecer maior tolerância a falhas incorporando conexões redundantes e caminhos de backup.

Desvantagens:

- Complexidade: As topologias híbridas podem ser mais complexas de conceber, implementar e gerir do que as topologias básicas, exigindo um planeamento e uma configuração cuidadosos.

- Custo: O hardware e a cablagem adicionais necessários para as topologias híbridas podem aumentar os custos, especialmente para as grandes redes.

- Despesas gerais de manutenção: A gestão e manutenção de uma topologia híbrida pode exigir recursos e conhecimentos adicionais para garantir um desempenho e fiabilidade óptimos.

Em resumo, cada topologia de rede tem o seu próprio conjunto de vantagens e desvantagens, e a escolha depende de factores como a dimensão da rede, os requisitos de desempenho, a tolerância a falhas e as restrições orçamentais. As organizações devem considerar cuidadosamente esses fatores ao projetar e implementar sua infraestrutura de rede.

Capítulo 5 - CONCEPÇÃO E IMPLEMENTAÇÃO DA REDE

VISÃO GERAL

A conceção e implementação da rede são fases críticas no desenvolvimento de qualquer infraestrutura de tecnologia da informação. Uma rede bem concebida estabelece as bases para uma comunicação, transferência de dados e colaboração eficientes dentro de uma organização, enquanto uma implementação eficaz garante que a rede funciona de forma fiável e segura. Desde as redes locais de pequena escala (LANs) até às complexas redes de grande área (WANs) que abrangem vários locais, o processo de conceção e implementação de uma rede envolve um cuidadoso planeamento, análise e implementação de hardware, software e protocolos de comunicação. Ao compreender os princípios de conceção e implementação de redes, as organizações podem criar redes robustas, escaláveis e resilientes que satisfaçam as suas necessidades actuais e se adaptem ao crescimento futuro e aos avanços tecnológicos. Esta introdução prepara o terreno para explorar os principais conceitos, metodologias e melhores práticas envolvidos na conceção e implementação de redes, fornecendo um roteiro para a criação e manutenção de infra-estruturas de rede modernas.

1. PLANEAMENTO E ARQUITECTURA

O planeamento e a arquitetura desempenham um papel fundamental na conceção e implementação da rede, fornecendo a estrutura para a criação de infra-estruturas de rede robustas, escaláveis e eficientes.

Eis um resumo pormenorizado:

1. Avaliação das necessidades:

- Antes de conceber uma rede, é essencial avaliar os requisitos da organização, incluindo as necessidades actuais e futuras de transferência de dados, comunicação, segurança e escalabilidade.

- Esta avaliação implica compreender os objectivos comerciais da organização, os requisitos do utilizador, as dependências da aplicação e os requisitos de conformidade regulamentar.

2. Definição do âmbito de aplicação:

- Definir claramente o âmbito do projeto de rede é crucial para garantir que todas as partes interessadas tenham um entendimento comum dos objectivos, restrições e resultados.

- A definição do âmbito inclui a identificação das localizações geográficas, do número de utilizadores, dos tipos de dispositivos, dos requisitos de largura de banda e do desempenho esperado da rede.

3. Seleção de topologia:

- Com base na avaliação das necessidades e na definição do âmbito, é selecionada a topologia de rede adequada para satisfazer os requisitos da organização.

- As topologias comuns incluem estrela, barramento, anel, malha e híbrida, cada uma oferecendo vantagens e considerações únicas.

4. Seleção de hardware e software:

- A seleção dos componentes de hardware e software correctos é fundamental para criar uma infraestrutura de rede fiável e eficiente.

- Isto inclui a escolha de routers, switches, firewalls, pontos de acesso, servidores, sistemas operativos, ferramentas de gestão de rede e soluções de segurança que se alinham com os requisitos e o orçamento da organização.

5. Conceção da arquitetura de rede:

- A arquitetura da rede engloba a estrutura geral, a disposição e a organização dos componentes da rede, incluindo as configurações físicas e lógicas.

- Isto envolve a conceção dos níveis de rede, como o nível físico (cablagem, conectores), o nível de ligação de dados (Ethernet, Wi-Fi), o nível de rede (endereçamento IP, encaminhamento), o nível de transporte (TCP, UDP) e o nível de aplicação (HTTP, FTP).

6. Esquema de endereçamento e nomeação:

- O estabelecimento de um esquema consistente de endereçamento e nomeação simplifica a gestão da rede e a resolução de problemas.

- Isto inclui a definição de intervalos de endereços IP, sub-rede, VLANs (Virtual Local Area Networks), DNS (Domain Name System) e configurações de DHCP (Dynamic Host Configuration Protocol).

7. Considerações sobre segurança:

- A integração de medidas de segurança na arquitetura da rede é essencial para proteger os dados sensíveis, impedir o acesso não autorizado e atenuar as ameaças à cibersegurança.

- As considerações de segurança incluem a implementação de firewalls, sistemas de deteção/prevenção de intrusões (IDS/IPS), soluções VPN (Virtual Private Network), listas de controlo de acesso (ACLs) e protocolos de encriptação.

8. Escalabilidade e redundância:

- Conceber a rede tendo em conta a escalabilidade e a redundância garante que esta pode acomodar o crescimento e manter o tempo de atividade.

- Isto implica a incorporação de componentes de hardware escaláveis, ligações redundantes, mecanismos de failover, equilíbrio de carga e estratégias de recuperação de desastres.

9. Otimização do desempenho:

- A otimização do desempenho da rede melhora a experiência e a produtividade do utilizador, minimizando a latência e o congestionamento.

- As técnicas de otimização do desempenho incluem configurações de Qualidade de Serviço (QoS), prioritização do tráfego, gestão da largura de banda e ferramentas de monitorização da rede.

10. Documentação e conformidade com as normas:

- A documentação da conceção e da arquitetura da rede é essencial para manter a coerência, facilitar a resolução de problemas e garantir a conformidade com as normas e as melhores práticas da indústria.

- Isto inclui a criação de diagramas de rede, documentação de configuração, inventários de activos e adesão a normas como IEEE, ISO e ITU-T.

Seguindo uma abordagem estruturada de planeamento e arquitetura na conceção e implementação da rede, as organizações podem criar infra-estruturas de rede resilientes, escaláveis e seguras que satisfaçam as suas necessidades actuais e se adaptem aos desafios e oportunidades futuros.

Capítulo 6 - REDES SEM FIO

VISÃO GERAL

As redes sem fios revolucionaram a forma como nos ligamos e comunicamos em ambientes pessoais e profissionais. Ao eliminar a necessidade de cabos físicos, a tecnologia sem fios permite uma mobilidade, flexibilidade e comodidade sem precedentes no acesso a dados, aplicações e recursos. Desde redes Wi-Fi em casas e escritórios a redes celulares que fornecem acesso à Internet em viagem, a tecnologia sem fios tornou-se omnipresente, ligando milhares de milhões de dispositivos em todo o mundo. Esta introdução fornece uma visão aprofundada das redes sem fios, abrangendo a sua história, tecnologias-chave, aplicações, vantagens, desafios e perspectivas futuras. Ao compreender os fundamentos das redes sem fios, ficamos a conhecer o seu impacto transformador na comunicação moderna e o seu papel na definição do panorama digital do futuro.

1. NORMAS E TECNOLOGIAS WI-FI

As normas e tecnologias Wi-Fi evoluíram significativamente desde a sua criação, desempenhando um papel fundamental na viabilização da conetividade sem fios para uma vasta gama de dispositivos. Segue-se uma exploração pormenorizada das normas e tecnologias Wi-Fi:

Normas Wi-Fi:

1. Família IEEE 802.11 (Wi-Fi):

- 802.11b (1999): Introduzida como a primeira norma Wi-Fi amplamente adoptada, funcionando na banda de frequência de 2,4 GHz com velocidades de dados até 11 Mbps. Utilizava a modulação DSSS (Direct Sequence Spread Spectrum).

- 802.11a (1999): Operava na banda de frequência de 5 GHz, oferecendo taxas de dados mais altas (até 54 Mbps) em comparação com o 802.11b. Utilizava a modulação Orthogonal Frequency Division Multiplexing (OFDM).

- 802.11g (2003): Combinou a acessibilidade do 802.11b com as taxas de dados mais elevadas do 802.11a, funcionando na banda de 2,4 GHz com velocidades até 54 Mbps.

- 802.11n (2009): Introduziu a tecnologia Multiple Input Multiple Output (MIMO) para obter maior rendimento (até 600 Mbps) nas bandas de 2,4 GHz e 5 GHz. Suportava a ligação de canais e a multiplexagem espacial.

- 802.11ac (2013): Também conhecido como Wi-Fi 5, funcionava exclusivamente na banda de 5 GHz, suportando canais mais amplos e taxas de dados mais elevadas (até vários Gbps). Introduziu o MU-MIMO (Multi-User MIMO) e a formação de feixes para melhorar o desempenho em ambientes densos.

- 802.11ax (Wi-Fi 6) (2019): Concebido para aumentar a eficiência e o rendimento em ambientes de alta densidade, suportando as bandas de 2,4 GHz e 5 GHz. Introduziu OFDMA (Orthogonal Frequency Division Multiple Access), Target Wake Time (TWT) e capacidades MU-MIMO melhoradas. O Wi-Fi 6 pode fornecer taxas de dados de pico superiores a 10 Gbps em condições ideais.

- 802.11be (Wi-Fi 7) (previsto): Em desenvolvimento, com o objetivo de aumentar ainda mais a velocidade, a eficiência e a capacidade, provavelmente suportando taxas de dados ainda mais elevadas e melhorias na eficiência espetral.

Tecnologias Wi-Fi:

1. MIMO (Multiple Input Multiple Output): - A tecnologia MIMO utiliza várias antenas nas extremidades do transmissor e do recetor para melhorar o desempenho das comunicações, transmitindo vários fluxos de dados em simultâneo. Isto aumenta o débito e melhora a fiabilidade.

2. Formação de feixes:

- A tecnologia Beamforming melhora a intensidade e a cobertura do sinal, concentrando os sinais Wi-Fi no dispositivo pretendido, em vez de os difundir em todas as direcções. Isto melhora o débito e reduz as interferências.

3. MU-MIMO (Multi-User MIMO):

- O MU-MIMO permite a transmissão simultânea de dados para vários dispositivos utilizando várias antenas, melhorando a eficiência da rede e reduzindo a latência em ambientes com vários dispositivos ligados.

4. OFDMA (Orthogonal Frequency Division Multiple Access):

- Introduzido no Wi-Fi 6, o OFDMA divide o espetro disponível em sub-canais mais pequenos denominados unidades de recursos (RUs), permitindo que vários dispositivos transmitam dados simultaneamente na mesma banda de frequência. Isto melhora a eficiência e reduz a latência, especialmente em redes com muita gente.

5. Ligação de canais:

- A ligação de canais combina vários canais Wi-Fi adjacentes num único canal mais amplo, aumentando o débito de dados. É particularmente útil em ambientes onde são necessários débitos de dados elevados.

6. Normas de segurança Wi-Fi:

- WEP (Wired Equivalent Privacy): Inicialmente utilizada, mas considerada fraca e facilmente comprometida.

- WPA (Acesso Protegido Wi-Fi): Introduziu métodos de encriptação melhorados, como o TKIP (Temporal Key Integrity Protocol).

- WPA2: Introduziu a norma AES (Advanced Encryption Standard) para uma segurança mais forte.

- WPA3: Introduzido com o Wi-Fi 6, fornece funcionalidades de segurança melhoradas, como encriptação de dados individualizada, mesmo em redes abertas, e proteção contra ataques de força bruta.

Aplicações e considerações:

- Redes domésticas e de escritório: O Wi-Fi é omnipresente em casas e escritórios, fornecendo acesso à Internet sem fios para computadores portáteis, smartphones, smart TVs e dispositivos IoT.

- Wi-Fi público: Encontra-se em cafés, aeroportos, hotéis e espaços públicos, proporcionando um acesso cómodo à Internet aos hóspedes e clientes.

- Redes empresariais: Utilizadas em grandes organizações para conetividade sem fios em campus, suportando uma elevada densidade de utilizadores e dispositivos.

- IoT (Internet das Coisas): O Wi-Fi permite a conetividade de uma vasta gama de dispositivos IoT, desde termóstatos inteligentes a aparelhos ligados, facilitando a automatização e a gestão remota.

- Descarga 5G: As redes Wi-Fi complementam as redes celulares 5G descarregando o tráfego de dados, melhorando a cobertura e a capacidade em áreas urbanas densas.

Em conclusão, as normas e tecnologias Wi-Fi continuam a evoluir, oferecendo velocidades mais rápidas, maior eficiência e maior segurança. Compreender estas normas e tecnologias é essencial para conceber, implementar e manter redes sem fios fiáveis e de elevado desempenho em vários ambientes.

2. MEDIDAS DE SEGURANÇA SEM FIOS

A segurança sem fios é crucial para proteger os dados e os dispositivos contra o acesso não autorizado, a interceção e os ciberataques em redes sem fios. Eis uma visão geral pormenorizada das medidas de segurança sem fios:

Autenticação e controlo de acesso:

1. Encriptação:

- WEP (Wired Equivalent Privacy): Originalmente utilizada, mas atualmente considerada fraca e facilmente comprometida.

- WPA (Wi-Fi Protected Access):

- WPA2 (Wi-Fi Protected Access 2): Utiliza o AES (Advanced Encryption Standard) para uma encriptação mais forte, substituindo o TKIP (Temporal Key Integrity Protocol).

- WPA3 (Wi-Fi Protected Access 3): Introduzido com o Wi-Fi 6, fornece funcionalidades de segurança melhoradas, incluindo encriptação de dados individualizada, mesmo em redes abertas, e proteção contra ataques de força bruta.

2. Métodos de autenticação:

- Chave pré-partilhada (PSK): Utiliza uma frase-chave ou uma chave partilhada entre o ponto de acesso sem fios (AP) e os dispositivos.

- Modo empresarial: Utiliza um servidor RADIUS (Remote Authentication Dial-In User Service) para autenticação centralizada, aumentando a segurança em ambientes empresariais.

Segmentação e isolamento de redes:

1. Redes locais virtuais (VLANs):

- As VLANs separam os clientes sem fios em diferentes redes lógicas, restringindo o acesso entre segmentos e melhorando a segurança da rede.

2. Redes de convidados:

- Fornece acesso separado para convidados ou visitantes com permissões restritas e acesso limitado a recursos internos.

Segurança do ponto de acesso sem fios (AP):

1. Alterar as predefinições:

- Altere o SSID (Service Set Identifier) predefinido, as credenciais de administrador e desactive as funcionalidades não utilizadas para reduzir a superfície de ataque.

2. Actualizações de firmware:

- Actualize regularmente o firmware do PA para corrigir vulnerabilidades e melhorar a segurança.

Deteção e prevenção de intrusões:

1. Sistema de deteção de intrusões sem fios (WIDS):

- Monitora o tráfego sem fio em busca de atividades suspeitas, APs desonestos e dispositivos não autorizados.

2. Sistema de prevenção de intrusões sem fios (WIPS):

- Impede ativamente o acesso não autorizado, desativa a autenticação de dispositivos não autorizados e reduz os ataques.

Medidas de segurança física:

1. Controlo do acesso físico:

- Proteja os APs e a infraestrutura sem fios para evitar o acesso físico não autorizado e a adulteração.

2. Blindagem RF:

- Utilize materiais que bloqueiem ou reduzam as interferências electromagnéticas para proteger os sinais sem fios dentro da área de cobertura pretendida.

Educação e políticas dos utilizadores:

1. Sensibilização para a segurança:

- Educar os utilizadores sobre as melhores práticas, como evitar Wi-Fi público para transacções sensíveis e reconhecer tentativas de phishing.

2. Políticas de segurança:

- Estabelecer e aplicar políticas para a força da palavra-passe, gestão de dispositivos e utilização da rede para reduzir os riscos.

Monitorização e registo:

1. Monitorização da rede:

- Monitorizar continuamente as redes sem fios para detetar anomalias, dispositivos não autorizados e problemas de desempenho.

2. Registo e auditoria:

- Manter registos de actividades de rede, eventos de autenticação e incidentes de segurança para fins de análise forense e conformidade.

Tecnologias emergentes e melhores práticas:

1. Wi-Fi 6 (802.11ax):

- Utiliza WPA3 e introduz funcionalidades como o Target Wake Time (TWT) e protocolos de segurança melhorados para uma maior segurança.

2. Modelo de segurança de confiança zero:

- Aplica controlos de acesso rigorosos com base na verificação da identidade e na avaliação da postura do dispositivo, independentemente da localização ou do método de acesso à rede.

Desafios:

- Interferência e fuga de sinal: Proteger os sinais sem fios para evitar a interceção e a interferência de partes não autorizadas.

- BYOD (Bring Your Own Device): Gerir e proteger uma gama diversificada de dispositivos que acedem à rede.

- Segurança IoT: Proteger os dispositivos IoT que podem não ter funcionalidades ou actualizações de segurança robustas.

Em conclusão, a implementação de medidas robustas de segurança sem fios é essencial para proteger dados sensíveis, manter a conformidade regulamentar e salvaguardar contra a evolução das ciberameaças nas redes sem fios. As organizações devem adotar uma abordagem à segurança em camadas, combinando encriptação, autenticação, controlo de acesso, monitorização e formação dos utilizadores para reduzir eficazmente os riscos.

3. TENDÊNCIAS EMERGENTES NAS REDES SEM FIOS

Uma tendência emergente nas redes sem fios que está a transformar o panorama da conetividade é o advento e a implementação da tecnologia Wi-Fi 6E. A tecnologia Wi-Fi 6E representa um avanço significativo em relação às normas Wi-Fi anteriores e introduz várias funcionalidades e vantagens importantes que melhoram o desempenho, a capacidade e a eficiência das redes sem fios.

O que é o Wi-Fi 6E?

O Wi-Fi 6E é uma extensão do Wi-Fi 6 (802.11ax) e opera na recém-aberta banda de frequência de 6 GHz (especificamente de 5,925 GHz a 7,125 GHz). Este espetro adicional fornece significativamente mais canais disponíveis em comparação com as congestionadas bandas de 2,4 GHz e 5 GHz utilizadas pelas anteriores normas Wi-Fi. A disponibilidade do espetro de 6 GHz permite canais mais largos e menos interferências, suportando assim taxas de dados mais elevadas, menor latência e melhor desempenho geral.

Principais características e vantagens do Wi-Fi 6E:

1. Aumento da capacidade e da velocidade:

- O Wi-Fi 6E suporta canais mais largos (até 160 MHz) em comparação com as normas anteriores, permitindo taxas de dados mais rápidas e maior débito.

- Pode fornecer velocidades multi-gigabit (mais de 10 Gbps em condições ideais), tornando-o adequado para aplicações de elevada largura de banda, como a transmissão de vídeo 4K/8K, a realidade virtual (RV) e a realidade aumentada (RA).

2. Menor latência:

- Ao utilizar a banda de 6 GHz com menos congestionamento e interferência, o Wi-Fi 6E reduz a latência e melhora a capacidade de resposta, essencial para aplicações em tempo real, como jogos online e videoconferência.

3. Desempenho melhorado em ambientes densos:

- Com mais canais disponíveis e menos interferências, o Wi-Fi 6E melhora o desempenho em áreas densamente povoadas, como estádios, aeroportos e ambientes urbanos onde vários dispositivos competem pela largura de banda.

4. Segurança reforçada:

- O Wi-Fi 6E inclui as mais recentes melhorias de segurança introduzidas no WPA3, oferecendo protocolos de encriptação mais fortes e proteção contra ameaças de segurança emergentes.

5. Suporte para IoT e dispositivos inteligentes:

- A maior capacidade e eficiência do Wi-Fi 6E tornam-no ideal para ligar um grande número de dispositivos IoT e electrodomésticos inteligentes de forma fiável e segura.

6. Compatibilidade com versões anteriores:

- Os dispositivos Wi-Fi 6E foram concebidos para serem retrocompatíveis com os dispositivos Wi-Fi 6 (802.11ax) e Wi-

Fi 5 (802.11ac) existentes, assegurando uma integração perfeita nas redes existentes.

Aplicações e casos de utilização:

1. Redes domésticas de elevado desempenho:

- Permite a transmissão contínua de 4K/8K, jogos online e videoconferências em vários dispositivos em simultâneo.

2. Ambientes empresariais:

- Suporta implementações de alta densidade em escritórios, campus e locais públicos, fornecendo conetividade fiável a um grande número de utilizadores e dispositivos.

3. Telemedicina e cuidados de saúde à distância:

- Facilita a transmissão em tempo real de dados médicos, diagnósticos remotos e consultas de tele-saúde com baixa latência e elevada fiabilidade.

4. Cidades inteligentes e implantações de IoT:

- Potencia redes IoT, iniciativas de cidades inteligentes e aplicações IoT industriais com conetividade robusta e requisitos de baixa latência.

Implantação e adoção:

Os dispositivos Wi-Fi 6E começaram a ficar disponíveis no final de 2020 e espera-se que a sua adoção aumente nos próximos anos, à medida que a tecnologia amadurece e mais dispositivos suportam a banda de 6 GHz. As aprovações regulamentares para a utilização do espetro de 6 GHz em diferentes regiões também estão a impulsionar a implantação de redes Wi-Fi 6E a nível mundial.

Desafios e considerações:

- Atualização da infraestrutura: A implementação do Wi-Fi 6E pode exigir a atualização da infraestrutura de rede existente, incluindo pontos de acesso e dispositivos de cliente, para tirar o máximo partido das vantagens da banda de 6 GHz.

- Gestão das interferências: Apesar das vantagens do espetro de 6 GHz, é essencial um planeamento cuidadoso e a gestão do espetro para evitar interferências com outros utilizadores licenciados e não licenciados.

Em conclusão, o Wi-Fi 6E representa um avanço significativo na tecnologia de rede sem fios, oferecendo um melhor desempenho, capacidade e fiabilidade para uma vasta gama de aplicações. À medida que a adoção cresce e mais dispositivos suportam Wi-Fi 6E, este está pronto para se tornar a nova norma para conetividade sem fios de alta velocidade e baixa latência em ambientes empresariais e de consumo.

Capítulo 7 - INTERNET E TECNOLOGIAS WEB

VISÃO GERAL

A Internet e as tecnologias Web tornaram-se componentes integrais da vida moderna, influenciando profundamente a forma como comunicamos, acedemos à informação, fazemos negócios e interagimos com o mundo. Na sua essência, a Internet é uma vasta rede de computadores e dispositivos interligados que se estende por todo o globo, facilitando a troca de dados e a comunicação através de protocolos normalizados. As tecnologias Web, por outro lado, englobam as ferramentas, as linguagens e as normas utilizadas para criar e navegar nos conteúdos da World Wide Web. As origens da Internet remontam ao final da década de 1960, com o desenvolvimento da ARPANET, uma rede pioneira financiada pelo Departamento de Defesa dos Estados Unidos. Inicialmente concebida como um meio de partilhar recursos informáticos e de investigação entre instituições académicas e agências governamentais, a ARPANET lançou as bases para a arquitetura de rede descentralizada e resiliente que caracteriza a Internet atualmente. Nas décadas seguintes, os avanços nas tecnologias de rede, protocolos como o TCP/IP (Transmission Control Protocol/Internet Protocol) e a proliferação de infra-estruturas de banda larga expandiram exponencialmente o alcance e as capacidades da Internet. As tecnologias Web evoluíram a par da Internet, permitindo a criação e difusão de páginas Web, conteúdos multimédia e aplicações interactivas. A linguagem de marcação de hipertexto (HTML), as folhas de estilo em cascata (CSS) e o JavaScript formam o trio principal de tecnologias utilizadas para estruturar, estilizar e adicionar interatividade às páginas Web. Estas tecnologias democratizaram o acesso à informação e permitiram que indivíduos e organizações publicassem conteúdos, realizassem comércio eletrónico e participassem em interacções sociais a uma escala global. O impacto da Internet e das tecnologias Web na sociedade tem sido profundo, revolucionando a comunicação, o comércio, a educação, o entretenimento e a governação. A comunicação instantânea através do correio eletrónico e das plataformas de mensagens, o crescimento das redes de redes sociais que facilitam as ligações globais e o aumento das plataformas de comércio eletrónico que transformam as práticas comerciais e de retalho são apenas alguns exemplos dos seus efeitos transformadores. Olhando para o futuro, a evolução das tecnologias da Internet continua a impulsionar a inovação em domínios como a inteligência artificial, a Internet das coisas (IoT), a computação em nuvem e a cibersegurança. Estes avanços prometem remodelar ainda mais o modo como vivemos, trabalhamos e interagimos num mundo cada vez mais interligado e digital. Em suma, a Internet e as tecnologias Web representam uma pedra angular da civilização moderna, capacitando os indivíduos, as empresas e as sociedades com um acesso sem precedentes à informação, à conetividade e a oportunidades de colaboração e inovação. medida que estas tecnologias continuam a evoluir, a sua influência nas economias globais, nas culturas e na vida quotidiana continuará, sem dúvida, a expandir-se e a moldar o futuro da humanidade.

1. COMPREENDER A ESPINHA DORSAL DA INTERNET

A espinha dorsal da Internet constitui a infraestrutura fundamental que permite a conetividade global e a transmissão de dados através de grandes distâncias. Composto por cabos de fibra ótica de alta capacidade, routers, comutadores e centros de dados, o backbone funciona como a conduta principal através da qual a informação digital viaja entre diferentes redes e regiões em todo o mundo. Compreender a espinha dorsal da Internet implica aprofundar os seus principais componentes, arquitetura, funções e o seu papel fundamental no apoio à comunicação e ao comércio digitais modernos.

Componentes da espinha dorsal da Internet:

1. Cabos de fibra ótica: Estes cabos são o meio físico através do qual os dados são transmitidos sob a forma de impulsos de luz. Os cabos de fibra ótica oferecem uma elevada largura de banda e uma baixa latência, o que os torna ideais para a transmissão de dados a longa distância.

2. Routers e Switches: Os encaminhadores são dispositivos que direccionam os pacotes de dados ao longo dos caminhos mais eficientes através da espinha dorsal da Internet. Tomam decisões com base nos endereços IP e nas condições da rede para garantir que os dados chegam ao seu destino de forma rápida e fiável. Os comutadores são utilizados nos centros de dados e nós de rede para gerir o tráfego local de forma eficiente.

3. Centros de dados: Estas instalações albergam servidores e equipamento de rede que armazenam e processam grandes quantidades de dados. Os centros de dados estão interligados com ligações de alta velocidade e desempenham um papel crucial na gestão do tráfego da Internet e na garantia de um desempenho sólido.

Arquitetura da espinha dorsal da Internet:

O backbone da Internet funciona numa arquitetura hierárquica e interligada:

1. Estrutura em camadas: O backbone está organizado em vários níveis de redes. As redes de nível 1 são de âmbito global e estão diretamente interligadas entre si. Elas trocam tráfego sem pagar taxas de trânsito a outras redes. As redes de nível 2 ligam-se a redes de nível 1 e a outras redes de nível 2, servindo frequentemente áreas regionais ou nacionais. As redes de nível 3 são ISPs (fornecedores de serviços Internet) mais pequenos que ligam os utilizadores finais às redes de nível 1 e de nível 2.

2. Pontos de presença (PoPs): Trata-se de locais onde as redes se interligam e trocam tráfego. Os principais pontos de presença estão normalmente situados em locais estratégicos a nível mundial, facilitando o intercâmbio eficiente de dados entre diferentes redes.

3. Pontos de troca de tráfego na Internet (IXP): Os IXP são locais físicos onde várias redes se encontram para trocar tráfego entre si. Aumentam a resiliência da rede, reduzem a latência e diminuem os custos, permitindo ligações directas entre redes.

Funções do backbone da Internet:

1. Transmissão de dados: A espinha dorsal facilita a transmissão rápida e fiável de pacotes de dados entre redes e entre continentes. As ligações de fibra ótica de alta velocidade garantem atrasos mínimos e uma utilização eficiente da largura de banda.

2. Encaminhamento e gestão do tráfego: Os encaminhadores na espinha dorsal encaminham os pacotes de dados por caminhos óptimos com base nas condições da rede em tempo real, assegurando uma entrega eficiente dos dados e evitando congestionamentos.

3. Resiliência e Redundância: A espinha dorsal foi concebida com mecanismos de redundância e failover para assegurar a continuidade do serviço em caso de falha do equipamento ou de perturbações na rede. Estão disponíveis múltiplos caminhos e rotas de reserva para manter a conetividade.

Papel na comunicação e no comércio digitais:

A espinha dorsal da Internet é indispensável para vários serviços e aplicações digitais:

1. Conectividade global: Permite uma comunicação sem descontinuidades através de correio eletrónico, plataformas de mensagens, VoIP (Voice over Internet Protocol) e videoconferência, ligando pessoas de todo o mundo em tempo real.

2. Comércio eletrónico e serviços em nuvem: A infraestrutura de base suporta plataformas de comércio eletrónico, serviços de computação em nuvem e redes de distribuição de conteúdos (CDN), facilitando as transacções em linha, o armazenamento de dados e a distribuição de conteúdos.

3. Fornecimento de conteúdos: As CDNs optimizam a entrega de conteúdos Web através da colocação em cache de dados mais próximos dos utilizadores finais, reduzindo a latência e melhorando a experiência do utilizador em sítios Web, serviços de streaming e aplicações em linha.

Tendências e desafios futuros:

Com o aumento da procura de serviços com grande volume de dados, a espinha dorsal da Internet enfrenta desafios e oportunidades:

1. Aumento da demanda por largura de banda: As tecnologias emergentes, como a IoT, a realidade aumentada e as redes 5G, conduzirão a um crescimento exponencial do tráfego de dados, exigindo actualizações da infraestrutura de espinha dorsal para suportar requisitos de largura de banda mais elevados.

2. Segurança e privacidade: A proteção da integridade dos dados e da privacidade dos utilizadores continua a ser fundamental. Os fornecedores de backbone implementam medidas de segurança robustas, incluindo encriptação, mitigação de DDoS (Distributed Denial of Service) e monitorização da rede, para se protegerem contra ameaças cibernéticas.

3. Expansão e conetividade global: Estão em curso esforços para expandir o acesso à Internet a regiões mal servidas e melhorar a conetividade global através de iniciativas como projectos de cabos submarinos e Internet por satélite.

Em conclusão, a espinha dorsal da Internet representa o quadro essencial que sustenta a comunicação, o comércio e a colaboração digitais a nível mundial. A sua arquitetura robusta, os mecanismos de encaminhamento eficientes e a capacidade de transmissão rápida de dados fazem dela uma pedra angular da conetividade moderna, moldando a forma como os indivíduos, as empresas e as sociedades interagem e trocam informações na era digital.

2. SISTEMA DE NOMES DE DOMÍNIO (DNS) E ENDEREÇAMENTO IP

O Sistema de Nomes de Domínio (DNS) e o endereçamento IP são componentes fundamentais da infraestrutura da Internet, permitindo a comunicação e a conetividade entre dispositivos e serviços em todo o mundo. Segue-se uma explicação pormenorizada de cada um deles:

Sistema de Nomes de Domínio (DNS):

O Sistema de Nomes de Domínio (DNS) funciona como o livro de endereços da Internet, traduzindo nomes de domínio legíveis por humanos em endereços IP e vice-versa. Este sistema permite aos utilizadores aceder a sítios Web e outros recursos da Internet utilizando nomes de domínio facilmente memorizáveis, como www.example.com, em vez de endereços IP numéricos, como 192.0.2.1.

Componentes e funcionalidade:

1. Nomes de domínio: Os nomes de domínio são hierárquicos e organizados da direita para a esquerda. Por exemplo, no nome de domínio www.example.com:

- Domínio de topo (TLD): ".com" é o TLD, indicando o tipo ou a categoria da organização (comercial, neste caso).

- Domínio de segundo nível: O "exemplo" é o domínio de segundo nível, representando frequentemente a organização ou entidade.

- Subdomínio: O "www" é um subdomínio, normalmente utilizado para indicar um serviço ou alojamento específico dentro do domínio.

2. Servidores DNS: O DNS funciona através de um sistema distribuído de servidores DNS que armazenam e gerem registos de nomes de domínio. Estes servidores podem ser classificados em:

- Servidores DNS de raiz: Estes servidores mantêm o diretório de todos os domínios de topo e dos respectivos servidores DNS autoritativos.

- Servidores DNS de domínios de topo (TLD): Estes servidores gerem informações específicas dos respectivos domínios de topo (por exemplo, .com, .org, .net).

- Servidores DNS autoritativos: Estes servidores armazenam registos de nomes de domínio específicos (por exemplo, endereços IP) para domínios individuais.

3. Processo de resolução de DNS:

- Quando um utilizador introduz um nome de domínio (por exemplo, www.example.com) num navegador Web, o navegador envia uma consulta DNS para um resolvedor DNS (normalmente fornecido pelo ISP ou configurado pelo utilizador).

- O resolvedor DNS encaminha a consulta para os servidores DNS, começando pelos servidores de raiz, depois para os servidores

TLD adequados e, por fim, para os servidores DNS autorizados para o domínio consultado.

- O servidor DNS autoritativo devolve o endereço IP correspondente ao resolvedor, que o envia de volta para o browser do utilizador.

- Este processo permite que o browser estabeleça uma ligação com o endereço IP correto associado ao nome de domínio, permitindo ao utilizador aceder ao site ou serviço pretendido.

Importância do DNS:

- Acessibilidade: O DNS permite que os utilizadores acedam a sítios Web e serviços utilizando nomes de domínio legíveis por humanos, simplificando a navegação e a facilidade de utilização.

- Redundância e fiabilidade: O DNS foi concebido com redundância e arquitetura distribuída para garantir fiabilidade e disponibilidade, mesmo em caso de falhas do servidor ou problemas de rede.

- Balanceamento de carga: O DNS pode ser utilizado para o equilíbrio de carga, distribuindo o tráfego por vários servidores ou centros de dados com base em políticas de resolução de DNS.

- Segurança: O DNS desempenha um papel crucial na cibersegurança, facilitando mecanismos de segurança baseados no DNS, como o DNSSEC (Extensões de Segurança do DNS), para proteger contra a falsificação do DNS e outras actividades maliciosas.

Endereçamento IP:

O endereço IP é uma etiqueta numérica atribuída a cada dispositivo ligado a uma rede informática que utiliza o Protocolo Internet para comunicação. Os endereços IP identificam exclusivamente os dispositivos e permitem-lhes comunicar entre si através da Internet ou de uma rede privada.

Tipos de endereços IP:

1. IPv4 (Protocolo Internet versão 4):

- Consiste num endereço numérico de 32 bits (por exemplo, 192.0.2.1).

- Fornece aproximadamente 4,3 mil milhões de endereços únicos, mas o esgotamento dos endereços IPv4 disponíveis levou à adoção do IPv6.

2. IPv6 (Protocolo Internet versão 6):

- Usa um formato de endereço de 128 bits (por exemplo, 2001:0db8:85a3:0000:0000:8a2e:0370:7334).

- Oferece um número significativamente maior de endereços IP para acomodar o número crescente de dispositivos e serviços ligados à Internet.

Funções e afetação:

- Identificação da rede: Os endereços IP estão estruturados em partes de rede e de anfitrião. A parte da rede identifica a rede específica à qual um dispositivo está ligado, enquanto a parte do anfitrião identifica o dispositivo dentro dessa rede.

- Encaminhamento: Os endereços IP permitem aos routers encaminhar pacotes de dados para os destinos pretendidos através de redes interligadas com base em tabelas de encaminhamento IP.

- Endereços IP dinâmicos e estáticos: Os endereços IP podem ser atribuídos de forma dinâmica (DHCP) ou configurados de forma estática. O endereçamento IP dinâmico permite que os dispositivos obtenham um endereço IP automaticamente a partir de um servidor DHCP, enquanto o endereçamento IP estático envolve a atribuição manual de um endereço IP fixo a um dispositivo.

Classes de endereços e sub-rede:

- Os endereços IPv4 estão divididos em classes (A, B, C, D, E) e podem ser sub-redeados para criar sub-redes mais pequenas dentro de redes maiores, optimizando a atribuição de endereços e a gestão da rede.

Em resumo, o Sistema de Nomes de Domínio (DNS) e o endereçamento IP são componentes críticos da infraestrutura da Internet que permitem a comunicação, a acessibilidade e a identificação de dispositivos e serviços em todo o mundo. O DNS fornece um sistema de nomes hierárquico para traduzir nomes de domínio em endereços IP, enquanto o endereçamento IP identifica dispositivos de forma única e facilita o encaminhamento de dados entre redes. Em conjunto, o DNS e o endereçamento IP formam a espinha dorsal da conetividade moderna da Internet, suportando uma vasta gama de aplicações e serviços essenciais para a era digital.

3. SERVIDORES E CLIENTES WEB

Os servidores e clientes Web são componentes essenciais da World Wide Web, permitindo a comunicação e a interação entre os utilizadores e os recursos Web, tais como sítios Web, aplicações Web e conteúdos multimédia. Segue-se uma explicação pormenorizada dos servidores e clientes Web:

Servidores Web:

Os servidores Web são computadores ou aplicações de software que fornecem conteúdo Web aos clientes através da Internet ou de uma intranet. Tratam os pedidos dos clientes e respondem com os recursos adequados, normalmente páginas Web codificadas em HTML, juntamente com ficheiros associados, como imagens, scripts e folhas de estilo.

Principais características e funções:

1. Tratamento de pedidos: Os servidores Web recebem pedidos de clientes, como navegadores Web ou outras aplicações, através de HTTP (Hypertext Transfer Protocol) ou da sua variante segura HTTPS (HTTP Secure).

2. Fornecimento de conteúdos: Armazenam e fornecem conteúdos estáticos (por exemplo, ficheiros HTML, imagens) e dinâmicos (por exemplo, páginas Web geradas, consultas a bases de dados) com base nos pedidos dos clientes.

3. Processamento de scripts e aplicações: Os servidores Web podem executar scripts do lado do servidor (por exemplo, PHP, Python, Ruby) para gerar conteúdos dinâmicos antes de os enviar para o cliente.

4. Segurança: Aplicam medidas de segurança, como a encriptação SSL/TLS para ligações HTTPS, controlos de acesso e proteção contra vulnerabilidades comuns da Web, como o cross-site scripting (XSS) e a injeção de SQL.

5. Registo e monitorização: Os servidores Web mantêm registos dos pedidos recebidos e das actividades do servidor para resolução de problemas, monitorização do desempenho e auditoria de segurança.

Exemplos de servidores Web:

- Servidor HTTP Apache: De código aberto e amplamente utilizado para alojar sítios Web e aplicações em vários sistemas operativos.

- Nginx: Conhecido pelo seu elevado desempenho, escalabilidade e tratamento eficiente de ligações simultâneas.

- Serviços de Informação Internet da Microsoft (IIS): Integrado no Windows Server, oferece funcionalidades adaptadas para alojar aplicações e serviços ASP.NET.

Clientes Web:

Os clientes Web, ou agentes de utilizador, são aplicações que solicitam e apresentam conteúdos Web obtidos a partir de servidores Web. O tipo mais comum de cliente Web é um navegador Web, mas outras aplicações, como as aplicações móveis e os rastreadores Web, também actuam como clientes quando acedem a recursos Web.

Principais características e funções:

1. Iniciação do pedido: Os clientes Web iniciam pedidos HTTP aos servidores Web para obter páginas Web e outros recursos especificados por URLs (Uniform Resource Locators).

2. Renderização e visualização: Interpretam HTML, CSS e JavaScript recebidos dos servidores para renderizar páginas Web e fornecer uma interface de interação fácil de utilizar.

3. Interação com o utilizador: Os clientes Web permitem aos utilizadores interagir com formulários Web, submeter dados, clicar em ligações e navegar através de conteúdos com hiperligações.

4. Gestão de cookies: Gerem cookies, pequenos pedaços de dados armazenados no lado do cliente, que são utilizados para gestão de sessões, personalização e acompanhamento do comportamento do utilizador.

5. Suporte para normas Web: Os clientes Web aderem às normas e especificações Web definidas por organizações como o World Wide Web Consortium (W3C) para garantir a compatibilidade e a apresentação coerente do conteúdo Web.

Exemplos de clientes Web:

- Navegadores Web: Os exemplos incluem o Google Chrome, o Mozilla Firefox, o Apple Safari, o Microsoft Edge e o Opera.

- Navegadores móveis: Navegadores optimizados para dispositivos móveis, como o Safari no iOS e o Chrome no Android.

- Web Crawlers: Programas automatizados utilizados por motores de pesquisa como o Googlebot para indexar páginas Web para resultados de pesquisa.

Interação entre servidores Web e clientes:

A interação entre os servidores Web e os clientes segue um modelo cliente-servidor:

- Ciclo Pedido-Resposta: Os clientes enviam pedidos HTTP aos servidores, especificando o recurso pretendido (por exemplo, o URL de uma página Web). Os servidores processam o pedido, geram uma resposta (por exemplo, conteúdo HTML) e enviam-na de volta para o cliente.

- Sem estado: O HTTP é um protocolo sem estado, o que significa que cada pedido de um cliente é independente e não retém informações sobre pedidos anteriores. Técnicas como cookies e sessões são utilizadas para manter interacções com estado quando necessário.

Os servidores e clientes Web constituem a base da World Wide Web, permitindo a distribuição, o acesso e a interação com conteúdos e serviços Web em toda a Internet. Os servidores Web armazenam e fornecem conteúdos em resposta a pedidos de clientes, enquanto os clientes Web, principalmente os navegadores Web, processam e apresentam páginas Web aos utilizadores. A sua colaboração assegura uma comunicação, interatividade e acessibilidade contínuas da informação na Internet, suportando uma vasta gama de aplicações, desde simples sítios Web a aplicações e serviços Web complexos.

Capítulo 8 - GESTÃO E ADMINISTRAÇÃO DE REDES

VISÃO GERAL

A gestão e administração de redes são disciplinas fundamentais no domínio das tecnologias da informação (TI), centradas na supervisão e otimização do desempenho, fiabilidade e segurança das redes informáticas nas organizações. Estas funções são essenciais para garantir que as redes funcionam sem problemas, de forma eficiente e segura, para satisfazer as necessidades dos utilizadores e as operações comerciais.

Importância da gestão e administração de redes:

No mundo interconectado de hoje, as redes servem como espinha dorsal para a comunicação, colaboração e troca de dados entre vários dispositivos e plataformas. A gestão e administração eficazes da rede desempenham um papel fundamental na manutenção:

1. Fiabilidade e desempenho: As redes devem fornecer conetividade consistente e de alto desempenho para apoiar as operações diárias, os canais de comunicação e o acesso a recursos críticos, como bases de dados, aplicações e serviços de Internet.

2. Segurança: As redes são os principais alvos de ameaças cibernéticas, como malware, ataques de phishing e acesso não autorizado. Os administradores de rede implementam medidas de segurança robustas, incluindo firewalls, sistemas de deteção de intrusões (IDS), protocolos de encriptação e controlos de acesso, para salvaguardar dados e infra-estruturas sensíveis.

3. Escalabilidade: À medida que as organizações crescem ou sofrem alterações na procura, a gestão da rede assegura que as redes podem ser escaladas eficazmente para acomodar o aumento do tráfego, utilizadores adicionais e novas aplicações ou serviços.

4. Monitorização e resolução de problemas: Os administradores de rede monitorizam continuamente o desempenho e a integridade da rede, identificando problemas como estrangulamentos, latência ou falhas de hardware. A monitorização proactiva permite a rápida resolução de problemas para minimizar o tempo de inatividade e as interrupções.

Funções e responsabilidades:

A gestão e a administração da rede abrangem uma série de responsabilidades, incluindo

- Conceção e planeamento de redes: Conceção de arquitecturas de rede que satisfaçam os requisitos organizacionais de desempenho, segurança e escalabilidade.

- Configuração e implantação: Instalação, configuração e implementação de hardware de rede (por exemplo, routers, switches, firewalls) e software (por exemplo, ferramentas de gestão de rede, protocolos de segurança).

- Monitorização e otimização: Monitorização do tráfego de rede, métricas de desempenho e padrões de utilização para otimizar a atribuição de recursos e identificar áreas de melhoria.

- Gestão da segurança: Implementação de políticas de segurança, protocolos e melhores práticas para proteger as redes contra ameaças cibernéticas e acesso não autorizado.

- Apoio e formação aos utilizadores: Prestar apoio técnico aos utilizadores, resolver problemas de rede e oferecer formação sobre a utilização da rede e práticas de segurança.

Ferramentas e tecnologias:

Os administradores de rede utilizam uma variedade de ferramentas e tecnologias para gerir e manter as redes de forma eficaz:

- Ferramentas de monitorização da rede: Aplicações de software para monitorização em tempo real do tráfego de rede, métricas de desempenho e estado dos dispositivos.

- Ferramentas de gestão da configuração: Ferramentas de automatização para configurar e gerir dispositivos e definições de rede de forma consistente em toda a rede.

- Ferramentas de segurança: Sistemas de deteção de intrusão (IDS), firewalls, VPNs (Virtual Private Networks) e tecnologias de encriptação para proteger a integridade da rede e a confidencialidade dos dados.

- Utilitários de resolução de problemas: Ferramentas de linha de comando (por exemplo, ping, traceroute) e software de diagnóstico para diagnosticar e resolver problemas de rede de forma eficiente.

Tendências futuras:

À medida que a tecnologia evolui, a gestão e administração de redes estão a evoluir com tendências como:

- Computação em nuvem: Gerir ambientes híbridos e multi-nuvem, otimizar a conetividade aos serviços de nuvem e garantir o acesso seguro e a integração de dados.

- Redes definidas por software (SDN): Gerenciamento de rede centralizado por meio de software programável, aumentando a agilidade, a escalabilidade e a automação das operações de rede.

- IoT (Internet das Coisas): Gestão de redes que ligam um número crescente de dispositivos IoT, garantindo fiabilidade, segurança e gestão eficiente de dados.

Em conclusão, a gestão e administração de redes são disciplinas indispensáveis que garantem o funcionamento fiável, seguro e eficiente das redes informáticas nas organizações. Ao supervisionar o design, a configuração, a segurança e a otimização do desempenho da rede, os administradores de rede desempenham um papel crucial no apoio à continuidade, produtividade e inovação do negócio no panorama digital atual.

1. FERRAMENTAS DE MONITORIZAÇÃO E RESOLUÇÃO DE PROBLEMAS

As ferramentas de monitorização e resolução de problemas são componentes essenciais da gestão e administração da rede, proporcionando visibilidade do desempenho da rede, detectando problemas e facilitando a sua rápida resolução para manter um funcionamento ótimo da rede. Estas ferramentas englobam uma variedade de aplicações de software e utilitários concebidos para monitorizar o tráfego de rede, analisar métricas de desempenho, diagnosticar problemas e suportar uma gestão eficaz da infraestrutura de rede. Aqui está uma visão geral detalhada das ferramentas de monitorização e resolução de problemas utilizadas na gestão de redes:

Ferramentas de monitorização:

1. Software de monitorização da rede:

- Objetivo: Monitoriza o tráfego da rede, os dispositivos e os indicadores de desempenho em tempo real ou durante períodos específicos.

- Características: Fornece painéis, gráficos e alertas para visibilidade da utilização da largura de banda, latência, perda de pacotes e integridade do dispositivo.

- Exemplos:

- PRTG Network Monitor: Oferece monitoramento abrangente de dispositivos de rede, servidores e aplicativos com sensores personalizáveis e recursos de alerta.

- SolarWinds Network Performance Monitor (NPM): Monitoriza e analisa as métricas de desempenho da rede, fornecendo informações sobre os padrões de tráfego da rede e a disponibilidade dos dispositivos.

2. Sniffers de pacotes:

- Objetivo: Captura e analisa os pacotes de rede para inspecionar os dados transmitidos através da rede.

- Características: Permite o exame de cabeçalhos e cargas úteis de pacotes, identificando anomalias de rede, solucionando problemas de conetividade e diagnosticando gargalos de desempenho.

- Exemplos:

- Wireshark: Analisador de pacotes de código aberto utilizado para resolução de problemas de rede, desenvolvimento de protocolos e educação. Suporta uma vasta gama de protocolos e fornece capacidades detalhadas de inspeção de pacotes.

3. Analisadores de caudal:

- Objetivo: Recolhe e analisa dados de fluxo (por exemplo, NetFlow, sFlow, IPFIX) para monitorizar padrões de tráfego, utilização de aplicações e comportamento da rede.

- Características: Gera registos de fluxo que resumem os padrões de comunicação entre dispositivos de rede, ajudando no planeamento da capacidade, na análise de segurança e na resolução de problemas de congestionamento da rede.

- Exemplos:

- Cisco NetFlow: Recolhe informações de tráfego IP e exporta registos de fluxo para um coletor NetFlow para análise e monitorização dos padrões de tráfego da rede.

4. Monitorização SNMP (Simple Network Management Protocol):

- Objetivo: Utiliza o SNMP para monitorizar dispositivos de rede, servidores e aplicações, consultando os dispositivos compatíveis com SNMP para obter dados de desempenho.

- Características: Fornece visibilidade das métricas do dispositivo, como utilização da CPU, uso de memória, status da interface e taxas de erro.

- Exemplos:

- Cacti: Ferramenta de monitorização de rede e gráficos que utiliza o SNMP para obter dados de dispositivos de rede e apresentá-los graficamente para análise e tendências.

Ferramentas de resolução de problemas:

1. Ping e Traceroute:

- Objetivo: Diagnostica problemas de conetividade e mede a latência da rede através do envio de pacotes ICMP (Internet Control Message Protocol) para dispositivos alvo.

- Características: Determina a acessibilidade dos dispositivos de rede, identifica os tempos de ida e volta e traça o caminho que os pacotes percorrem na rede.

- Exemplos: Ferramentas de linha de comando incorporadas na maioria dos sistemas operativos (por exemplo, ping e traceroute no Windows, macOS, Linux).

2. Scanners de portas:

- Objetivo: Analisa os dispositivos de rede para identificar portas abertas e serviços em execução em anfitriões específicos.

- Características: Ajuda a identificar serviços não autorizados, vulnerabilidades de segurança e configurações incorrectas em dispositivos de rede.

- Exemplos:

- Nmap (Network Mapper): Ferramenta de código aberto para exploração de redes e auditoria de segurança, capaz de fazer scan de portas, deteção de versões e impressão digital de sistemas operativos.

3. Ferramentas de pesquisa de DNS:

- Objetivo: Resolve nomes de domínio para endereços IP e vice-versa, verificando a configuração do DNS e resolvendo problemas relacionados com o DNS.

- Características: Efectua pesquisas de DNS directas (domínio para IP) e inversas (IP para domínio), verifica registos DNS (por exemplo, registos A, MX, CNAME).

- Exemplos:

- nslookup: Ferramenta de linha de comando para consultar servidores DNS para obter informações relacionadas ao DNS e diagnosticar problemas de DNS.

4. Utilitários de diagnóstico da rede:

- Objetivo: Inclui várias ferramentas e utilitários de linha de comandos para a resolução de problemas de rede, tais como netstat, ipconfig (Windows), ifconfig (Linux) e arp.

- Características: Apresenta a configuração da rede, o estado da interface, as tabelas de encaminhamento e as ligações activas para diagnosticar problemas de conetividade da rede e erros de configuração.

Plataformas de integração e gestão:

- Plataformas de gestão de rede: Soluções abrangentes que integram várias ferramentas de monitorização e resolução de problemas numa plataforma unificada, proporcionando uma gestão e controlo centralizados da infraestrutura de rede.

- Serviços de monitorização baseados na nuvem: Oferecidos por fornecedores como o AWS CloudWatch, o Azure Monitor e o Google Cloud Monitoring, fornecem monitorização escalável e em tempo real de infra-estruturas e serviços baseados na nuvem.

Importância na gestão de redes:

As ferramentas de monitorização e resolução de problemas são indispensáveis para os administradores de rede:

- Detetar problemas de forma proactiva: Monitorizar a saúde da rede e as métricas de desempenho para detetar anomalias e potenciais problemas antes que estes afectem os utilizadores ou os serviços.

- Diagnosticar e resolver problemas: Identifique rapidamente a causa raiz dos problemas de rede, quer estejam relacionados com conetividade, degradação do desempenho, incidentes de segurança ou erros de configuração.

- Otimizar o desempenho da rede: Analisar padrões de tráfego e tendências de utilização para otimizar os recursos da rede, melhorar a eficiência e planear actualizações de capacidade, conforme necessário.

- Melhorar a segurança: Monitorize as tentativas de acesso não autorizado, os padrões de tráfego anómalos e as potenciais violações de segurança, permitindo uma resposta imediata e a atenuação.

Em conclusão, as ferramentas de monitorização e resolução de problemas são essenciais para manter operações de rede fiáveis, seguras e eficientes. Dão aos administradores de rede as informações e capacidades necessárias para garantir um desempenho ótimo, diagnosticar problemas de forma eficaz e manter a integridade e disponibilidade da infraestrutura de rede nos actuais ambientes de TI dinâmicos e interligados.

2. GESTÃO DA CONFIGURAÇÃO

A gestão da configuração na gestão e administração de redes refere-se ao processo de gestão e manutenção sistemática da configuração de dispositivos, sistemas e software de rede para garantir a consistência, fiabilidade e segurança da infraestrutura de TI de uma organização. Engloba várias práticas, ferramentas e metodologias destinadas a controlar as alterações, automatizar as tarefas de configuração e impor a conformidade com as políticas e normas organizacionais. Aqui está uma visão geral detalhada do gerenciamento de configuração no gerenciamento de rede:

Objectivos da Gestão da Configuração:

1. Consistência e padronização: Garantir que os dispositivos e sistemas de rede sejam configurados de forma consistente, de acordo com as normas e melhores práticas aprovadas. Isto reduz os erros de configuração, aumenta a fiabilidade e simplifica a resolução de problemas.

2. Automatização: Automatize tarefas de configuração repetitivas, como provisionamento de dispositivos, atualizações de software e

aplicação de políticas, para melhorar a eficiência e reduzir o esforço manual.

3. Gestão de alterações: Gerir as alterações às configurações de rede de forma controlada para minimizar as perturbações, evitar modificações não autorizadas e manter a estabilidade.

4. Conformidade e segurança: Aplicar as políticas de segurança e os requisitos regulamentares, assegurando que as configurações respeitam as linhas de base de segurança, os controlos de acesso, as normas de encriptação e as directrizes de auditoria.

Componentes da Gestão da Configuração:

1. Itens de configuração (ICs):

- Definição: Representam componentes individuais da infraestrutura de rede que requerem gestão de configuração (por exemplo, routers, switches, firewalls, servidores, aplicações de software).

- Atributos: Cada IC tem atributos e parâmetros específicos (por exemplo, endereços IP, versões de firmware, listas de controlo de acesso) que definem o seu estado de configuração.

2. Linhas de base da configuração:

- Definição de Linha de Base: As linhas de base são conjuntos predefinidos de definições de configuração e parâmetros que representam o estado desejado ou aprovado dos ICs.

- Tipos de linhas de base: Incluir linhas de base de segurança, linhas de base de desempenho e linhas de base operacionais, adaptadas a diferentes aspectos da gestão da configuração da rede.

3. Base de dados de gestão da configuração (CMDB):

- Objetivo: A CMDB é um repositório central que armazena e gere informações sobre os IC, as suas relações, atributos e estados de configuração actuais e históricos.

- Funcionalidade: Facilita o acompanhamento da configuração, o controlo de versões, a análise de impacto e a elaboração de relatórios para uma gestão eficaz da configuração.

Práticas e processos:

1. Identificação da configuração:

- Identificar e documentar todos os ICs dentro da infraestrutura de rede, atribuindo identificadores únicos e capturando atributos relevantes (por exemplo, especificações de hardware, versões de software).

2. Controlo da configuração:

- Estabelecer procedimentos de controlo de alterações para gerir as alterações de configuração através de um processo de aprovação formal, assegurando que as alterações são autorizadas, documentadas e testadas antes da implementação.

- Utilize mecanismos de controlo de versões para acompanhar e gerir revisões de configurações, permitindo a reversão para configurações anteriores, se necessário.

3. Auditoria e verificação da configuração:

- Efetuar auditorias e verificações regulares para comparar as configurações actuais com as bases de referência e as políticas de segurança aprovadas.

- Utilizar ferramentas automatizadas para efetuar auditorias de configuração, identificar desvios e gerar relatórios para avaliações de conformidade.

4. Automatização da configuração:

- Implemente ferramentas e scripts de automatização (por exemplo, ferramentas de gestão de configuração como Ansible, Puppet, Chef) para simplificar as tarefas de configuração, reforçar a consistência e reduzir os erros manuais.

- Implementar modelos de configuração e scripts predefinidos para normalizar a implementação e o aprovisionamento de dispositivos e serviços de rede.

Ferramentas e tecnologias:

1. Ferramentas de gestão da configuração:

- Exemplos:

- Ansible: Automatiza o gerenciamento de configuração, a implantação de aplicativos e a orquestração em dispositivos de rede e servidores usando manuais baseados em YAML.

- Puppet: Gere as configurações e impõe os estados desejados em ambientes de TI heterogéneos, suportando a gestão declarativa de configurações.

- Chef: Automatiza o aprovisionamento, a configuração e a gestão da infraestrutura através de abordagens orientadas por código, utilizando receitas e livros de receitas.

2. Plataformas de automatização de redes:

- Exemplos:

- Cisco DNA Center: Fornece gestão centralizada e automatização de dispositivos, políticas e serviços de rede da Cisco através de princípios de rede baseados em intenções.

- Juniper Junos Space: Oferece capacidades de gestão e automatização de redes para dispositivos da Juniper Networks, incluindo gestão de configuração e aprovisionamento.

Benefícios da Gestão da Configuração:

- Confiabilidade e estabilidade aprimoradas: Mantém configurações consistentes e padronizadas, reduzindo o desvio de configuração e minimizando o tempo de inatividade da rede devido a configurações incorretas.

- Eficiência melhorada: Automatiza tarefas repetitivas, acelera os ciclos de implementação e optimiza a utilização de recursos, libertando o pessoal de TI para iniciativas estratégicas.

- Segurança e conformidade aprimoradas: Aplica políticas de segurança, audita configurações em busca de vulnerabilidades e garante a adesão a requisitos regulamentares, melhorando a postura geral de segurança da rede.

- Facilita a escalabilidade: Suporta o escalonamento da infraestrutura de rede, permitindo a implantação rápida e consistente de novos dispositivos, serviços e atualizações em ambientes distribuídos.

Desafios e considerações:

- Complexidade: A gestão de configurações em diversos ambientes de TI com diferentes tecnologias, plataformas e implementações específicas de fornecedores pode ser um desafio.

- Gerenciamento de mudanças: Equilibrar a necessidade de agilidade com processos de mudança controlados para minimizar as interrupções e manter a estabilidade da rede.

- Integração: Garantir a compatibilidade e a integração perfeita das ferramentas de gestão da configuração com a infraestrutura de rede, os sistemas de gestão e os fluxos de trabalho existentes.

Em conclusão, a gestão da configuração é essencial para manter a integridade, fiabilidade e segurança da infraestrutura de rede em organizações de todas as dimensões. Através da implementação de práticas robustas, da utilização de ferramentas de automatização e da adesão às melhores práticas, os administradores de rede podem gerir e otimizar eficazmente as configurações de rede para satisfazer os requisitos empresariais e apoiar as iniciativas de transformação digital.

3. MELHORES PRÁTICAS NA ADMINISTRAÇÃO DE REDES

A administração de redes envolve a gestão e manutenção de redes informáticas para garantir que funcionam de forma eficiente, segura e fiável. A implementação das melhores práticas na administração de redes é crucial para otimizar o desempenho da rede, aumentar a segurança e minimizar o tempo de inatividade. Aqui está uma visão geral detalhada das principais práticas recomendadas na administração de redes:

1. Documentação da rede e gestão do inventário:

- Objetivo: manter actualizada a documentação que descreve a topologia da rede, as configurações dos dispositivos, as atribuições de endereços IP, as versões de software e os diagramas de rede.

- Benefícios: Facilita a resolução de problemas, o planeamento de actualizações e o dimensionamento da infraestrutura de rede. Fornece uma referência para gerenciamento de configuração e auditorias de conformidade.

2. Monitorização da rede e gestão do desempenho:

- Implementar ferramentas de monitorização: Implemente software de monitorização da rede para acompanhar as métricas de desempenho (por exemplo, utilização da largura de banda, latência, perda de pacotes) em tempo real.

- Monitorização proactiva: Monitorizar anomalias, prever necessidades de capacidade e identificar potenciais problemas antes que estes afectem os utilizadores ou os serviços.

- Otimização do desempenho: Utilize os dados de monitorização para otimizar os recursos da rede, melhorar a eficiência e planear as expansões da rede.

3. Segurança da rede:

- Implementar segurança em camadas: Aplicar uma abordagem de defesa em profundidade com firewalls, sistemas de deteção/prevenção de intrusões (IDS/IPS), VPNs e soluções de segurança de terminais.

- Controlo de acesso: Aplicar controlos de acesso com privilégios mínimos, segmentar redes utilizando VLANs e rever regularmente os direitos de acesso dos utilizadores.

- Gestão de patches: Manter os dispositivos de rede, sistemas operativos e aplicações actualizados com patches de segurança para reduzir as vulnerabilidades.

4. Cópias de segurança regulares e planeamento da recuperação de desastres:

- Estratégia de backup: Estabeleça cópias de segurança regulares de dados críticos, configurações e imagens do sistema. Armazene os backups de forma segura fora do local ou na nuvem.

- Plano de recuperação de desastres: Desenvolver e testar um plano de recuperação de desastres (DRP) para restaurar rapidamente as operações de rede em caso de falha de hardware, ataque cibernético ou desastre natural.

5. Configuração de rede e gestão de alterações:

- Procedimentos de controlo de alterações: Implementar processos formais de gestão de alterações para documentar e autorizar alterações na rede.

- Linhas de base de configuração: Estabelecer e manter linhas de base de configuração para garantir a consistência e reverter para configurações conhecidas como boas se surgirem problemas.

- Automatize as tarefas de configuração: Use ferramentas de automação (por exemplo, Ansible, Puppet) para implantações de configuração padronizadas e repetíveis em dispositivos de rede.

6. Educação e sensibilização dos utilizadores:

- Formação de sensibilização para a segurança: Informe os utilizadores sobre ataques de phishing, tácticas de engenharia social, higiene das palavras-passe e a importância de comunicar actividades suspeitas.

- Aplicação de políticas: Aplicar políticas de utilização aceitável (AUPs) e políticas de segurança para promover práticas seguras e proteger informações sensíveis.

7. Segmentação da rede e controlo do acesso:

- Segmentar redes: Divida as redes em segmentos menores (por exemplo, VLANs) com base em requisitos de segurança e funções funcionais para conter violações e limitar o movimento lateral.

- Listas de controlo de acesso (ACLs): Utilizar ACLs para controlar o fluxo de tráfego, restringir o acesso a recursos sensíveis e aplicar políticas de segurança de rede.

8. Auditorias regulares e conformidade:

- Auditorias de segurança: Realizar auditorias de segurança regulares e avaliações de vulnerabilidade para identificar pontos fracos e lacunas de conformidade.

- Gestão da conformidade: Garantir a adesão aos regulamentos do sector (por exemplo, GDPR, HIPAA) e às políticas internas através de auditorias, documentação e correção.

9. Planeamento da capacidade e escalabilidade:

- Monitorizar os padrões de tráfego: Analisar as tendências de tráfego da rede para antecipar as necessidades de capacidade e planear as expansões ou actualizações da rede.

- Escalar a infraestrutura: Projetar redes com escalabilidade em mente, usando hardware modular, serviços em nuvem e tecnologias de virtualização para acomodar o crescimento.

10. Documentação e resposta a incidentes:

- Plano de resposta a incidentes: Desenvolver e manter um plano de resposta a incidentes para detetar, conter e mitigar rapidamente os incidentes de segurança da rede.

- Análise pós-incidente: Efetuar análises pós-incidente para identificar as lições aprendidas, melhorar os procedimentos de resposta e reforçar as defesas da rede.

A adoção das melhores práticas na administração de redes é essencial para manter um ambiente de rede seguro, fiável e eficiente. Ao implementar estas práticas - como documentação completa, monitorização proactiva, medidas de segurança robustas e gestão eficaz de alterações - os administradores de rede podem melhorar a resiliência operacional, reduzir os riscos e apoiar eficazmente os objectivos comerciais gerais da organização. A revisão regular, a adaptação às ameaças emergentes e a melhoria contínua são cruciais para se manter na vanguarda da administração de redes e garantir uma infraestrutura de rede resiliente.

Capítulo 9 - VIRTUALIZAÇÃO DA REDE E COMPUTAÇÃO EM NUVEM

Visão geral

A virtualização de rede e a computação em nuvem são tecnologias transformadoras que revolucionaram a forma como os recursos de computação são provisionados, gerenciados e utilizados em infraestruturas de TI modernas. Permitem às organizações obter maior flexibilidade, escalabilidade e eficiência na implementação de aplicações e serviços, ao mesmo tempo que optimizam a utilização de recursos e reduzem os custos. Aqui está uma introdução a ambos os conceitos:

Virtualização de rede:

A virtualização de redes abstrai os recursos e serviços de rede do seu hardware subjacente, permitindo que várias redes virtuais funcionem de forma independente numa infraestrutura de rede física partilhada. Separa a funcionalidade da rede do hardware físico, permitindo uma utilização mais eficiente dos recursos de rede e simplificando a gestão da rede.

Aspectos fundamentais da virtualização de redes:

1. Abstração: Virtualização de componentes de rede, como switches, routers, firewalls e balanceadores de carga, em representações baseadas em software (máquinas virtuais ou contentores) que funcionam independentemente do hardware físico.

2. Isolamento e segmentação: Criação de várias redes virtuais (Virtual LANs - VLANs) numa única rede física para segregar o tráfego, melhorar a segurança e otimizar a utilização da largura de banda.

3. Flexibilidade e escalabilidade: Permitir que as redes sejam aumentadas ou reduzidas dinamicamente em função da procura, sem restrições físicas de hardware, possibilitando uma implantação e gestão ágeis dos serviços de rede.

4. Eficiência: Maximizar a utilização de recursos através da partilha da infraestrutura de rede física entre várias redes virtuais, reduzindo os custos associados à aquisição e manutenção de hardware.

Computação em nuvem:

A computação em nuvem refere-se à prestação de serviços de computação - incluindo servidores, armazenamento, bases de dados, redes, software e análises - através da Internet (a nuvem). Fornece acesso a pedido a conjuntos partilhados de recursos de computação configuráveis, que podem ser rapidamente aprovisionados e libertados com um esforço mínimo de gestão.

Aspectos fundamentais da computação em nuvem:

1. Modelos de serviços: Oferece três modelos de serviços principais: Infraestrutura como serviço (IaaS), plataforma como serviço (PaaS) e software como serviço (SaaS), para diferentes níveis de controlo e gestão por parte do utilizador.

2. Modelos de implantação: Suportar vários modelos de implantação, incluindo nuvem pública (serviços oferecidos por

fornecedores terceiros através da Internet), nuvem privada (infraestrutura dedicada para uma única organização) e nuvem híbrida (integração de nuvens públicas e privadas).

3. Escalabilidade e elasticidade: Permite que os recursos sejam aumentados ou reduzidos dinamicamente com base nas exigências da carga de trabalho, proporcionando flexibilidade e eficiência de custos.

4. Pooling de recursos: Agregação de recursos de computação para servir vários utilizadores, com diferentes recursos físicos e virtuais atribuídos e reatribuídos dinamicamente de acordo com a procura.

Integração da virtualização de redes e da computação em nuvem:

A virtualização de rede é um facilitador fundamental da computação em nuvem, fornecendo a infraestrutura subjacente e os recursos necessários para a entrega de serviços em nuvem. Ao abstrair e virtualizar os recursos de rede, as organizações podem criar ambientes flexíveis, escaláveis e seguros para implantar aplicativos e serviços baseados em nuvem.

Benefícios da integração:

- Agilidade: Implantação e escalonamento rápidos de serviços de rede e recursos de nuvem, facilitando um tempo de colocação no mercado mais rápido para aplicativos e serviços.

- Eficiência: Utilização optimizada de recursos através da virtualização, reduzindo os custos de hardware e as despesas gerais operacionais.

- Flexibilidade: Suporte a diversas cargas de trabalho e aplicativos em ambientes de nuvem híbrida, integrando-se perfeitamente à infraestrutura local e aos serviços de nuvem pública.

- Segurança: Segurança melhorada através da segmentação e isolamento da rede, garantindo a proteção dos dados e a conformidade com os requisitos regulamentares.

A virtualização de rede e a computação em nuvem representam avanços fundamentais na infraestrutura de TI, permitindo que as organizações obtenham maior flexibilidade, escalabilidade e eficiência no fornecimento e gerenciamento de recursos e serviços de computação. Juntos, fornecem a base para iniciativas modernas de transformação digital, apoiando o desenvolvimento ágil, operações económicas e crescimento escalável no cenário empresarial dinâmico de hoje. À medida que as tecnologias continuam a evoluir, a integração da virtualização de redes e da computação em nuvem continuará a impulsionar a inovação e a moldar o futuro da infraestrutura de TI e dos modelos de prestação de serviços.

1. LANS VIRTUAIS (VLANS) E REDES PRIVADAS VIRTUAIS (VPNS)

LANs virtuais (VLANs):

As LANs virtuais (VLANs) são um aspeto fundamental da virtualização de redes que permite a segmentação de uma rede física em várias redes lógicas, ou domínios de difusão, sem necessidade de infra-estruturas físicas separadas. As VLANs fornecem flexibilidade, segurança e eficiência, agrupando logicamente dispositivos (como computadores, servidores e impressoras) em redes virtuais com base em critérios como departamento, função ou localização. Aqui está uma visão geral detalhada das VLANs:

Conceitos-chave:

1. Segmentação lógica: As VLANs permitem que os administradores de rede segmentem uma única rede física em várias redes lógicas. Os dispositivos dentro da mesma VLAN podem se comunicar como se estivessem na mesma rede física, independentemente de sua localização física.

2. Associação: Os dispositivos são atribuídos a VLANs com base em critérios como endereço MAC, número da porta (para portas de comutador) ou tipo de protocolo (para VLANs da Camada 3). Esta atribuição é normalmente configurada nos comutadores de rede.

3. Controlo da difusão: Ao isolar o tráfego de difusão, as VLANs ajudam a reduzir o congestionamento da rede e melhoram o desempenho geral da rede. As transmissões são limitadas a dispositivos dentro da mesma VLAN.

4. Segurança e isolamento: As VLANs aumentam a segurança da rede ao isolar o tráfego entre VLANs. O acesso entre VLANs é controlado através de routers ou comutadores da camada 3, aplicando políticas de segurança e impedindo o acesso não autorizado.

5. Escalabilidade: As VLANs oferecem suporte à escalabilidade, permitindo que as redes cresçam sem a necessidade de infraestrutura física adicional. Novas VLANs podem ser criadas e

configuradas conforme necessário para acomodar mudanças organizacionais ou expansões de rede.

Tipos de VLANs:

- VLANs baseadas em portas: Os dispositivos são agrupados em VLANs com base na porta do switch à qual estão conectados. Cada porta pertence a uma única VLAN.

- VLANs baseadas em endereço MAC: A associação à VLAN é determinada pelo endereço MAC do dispositivo. Os dispositivos com endereços MAC específicos são atribuídos a VLANs predefinidas.

- VLANs baseadas em protocolo: A associação à VLAN é baseada no tipo de protocolo de rede que está sendo usado (por exemplo, IP, IPX). Esse tipo de VLAN é menos comum do que as VLANs baseadas em portas ou em endereços MAC.

Vantagens das VLANs:

- Desempenho melhorado: A segmentação reduz o tráfego de difusão e melhora o desempenho da rede.

- Segurança aprimorada: O isolamento do tráfego entre VLANs melhora a segurança, limitando o acesso a informações confidenciais.

- Flexibilidade: Facilita a gestão da rede ao permitir o agrupamento lógico de dispositivos, independentemente da localização física ou de alterações na topologia.

- Eficiência de custos: Elimina a necessidade de infraestrutura de rede física adicional, reduzindo os custos associados à expansão e manutenção da rede.

Redes Privadas Virtuais (VPNs):

As redes privadas virtuais (VPNs) estendem os recursos da rede privada através de uma infraestrutura de rede pública ou partilhada, como a Internet. As VPNs criam ligações seguras e encriptadas entre utilizadores remotos, sucursais ou dispositivos móveis e uma rede privada, permitindo que os utilizadores acedam a recursos de forma segura, como se estivessem diretamente ligados à rede privada. Aqui está um olhar aprofundado sobre as VPNs:

Conceitos-chave:

1. Encriptação e encapsulamento: As VPNs utilizam protocolos de encriptação (por exemplo, IPSec, SSL/TLS) para proteger os dados transmitidos através de redes públicas. Os dados são encapsulados em pacotes encriptados, criando um túnel seguro entre o cliente VPN (utilizador/dispositivo) e o servidor VPN (rede empresarial).

2. Autenticação e controlo do acesso: As VPNs autenticam utilizadores e dispositivos antes de concederem acesso aos recursos da rede. As políticas de controlo de acesso aplicam permissões com base nas credenciais do utilizador, na postura de segurança do dispositivo ou noutros critérios.

3. Tipos de VPNs:

- VPN de acesso remoto: Permite que os utilizadores individuais se liguem de forma segura a uma rede empresarial a partir de locais remotos utilizando software cliente. Normalmente utilizada para cenários de teletrabalho e de força de trabalho móvel.

- VPN Site-to-Site: Liga redes inteiras (LANs) entre vários locais (por exemplo, filiais, centros de dados) através de uma rede pública. Estabelece túneis de comunicação seguros entre gateways VPN (routers/firewalls) em cada local.

- SSL VPN: Utiliza a encriptação SSL/TLS para fornecer acesso remoto seguro a aplicações e serviços Web. O acesso é normalmente efectuado através de um navegador Web sem necessidade de instalação de software cliente.

4. Segurança e privacidade: As VPN melhoram a segurança e a privacidade ao encriptarem os dados transmitidos através de redes públicas, protegendo as informações sensíveis contra a interceção e o acesso não autorizado.

5. Escalabilidade e flexibilidade: As VPNs suportam a escalabilidade, permitindo ligações seguras para uma vasta gama de casos de utilização, desde utilizadores individuais a implementações empresariais em grande escala em locais geograficamente dispersos.

Vantagens das VPNs:

- Acesso remoto seguro: Permite o acesso seguro a recursos empresariais para trabalhadores remotos, contratantes e dispositivos móveis.

- Redução de custos: Reduz os custos associados a linhas alugadas dedicadas ou soluções de acesso remoto, aproveitando as ligações à Internet existentes.

- Flexibilidade geográfica: Suporta conetividade e colaboração globais, ligando de forma segura escritórios distribuídos, parceiros e recursos na nuvem.

- Conformidade e requisitos regulamentares: Ajuda as organizações a cumprir os regulamentos de proteção de dados (por exemplo, GDPR, HIPAA), protegendo os dados em trânsito.

As VLANs e as VPNs são tecnologias essenciais que facilitam a segmentação, a segurança e a conetividade da rede em ambientes de TI modernos. As VLANs fornecem segmentação lógica dentro de uma única rede física, melhorando o desempenho e a segurança, enquanto as VPNs estendem a conetividade segura através de redes públicas, permitindo o acesso remoto e a conetividade site a site. Ao tirar partido destas tecnologias de forma eficaz, as organizações podem otimizar as operações de rede, melhorar a utilização de recursos e suportar infra-estruturas de rede seguras e escaláveis, adaptadas às suas necessidades comerciais.

2. MODELOS E SERVIÇOS DE COMPUTAÇÃO EM NUVEM

A computação em nuvem oferece uma variedade de modelos de serviço e opções de implantação que atendem a diferentes necessidades comerciais, desde necessidades básicas de infraestrutura até aplicações de software totalmente geridas. Compreender estes modelos e serviços de computação em nuvem é essencial para as organizações que pretendem tirar partido da tecnologia de nuvem de forma eficaz. Eis uma visão geral pormenorizada:

Modelos de serviços de computação em nuvem:

1. Infraestrutura como serviço (IaaS):

- Descrição: A IaaS fornece recursos informáticos virtualizados através da Internet. Inclui máquinas virtuais, armazenamento e infra-estruturas de rede que podem ser aprovisionadas e geridas através de uma API ou de uma consola Web.

- Casos de uso: Ideal para organizações que necessitam de uma infraestrutura escalável e flexível sem a necessidade de investir em hardware físico. Adequado para ambientes de desenvolvimento e teste, backup de dados e soluções de recuperação de desastres.

- Exemplos: Amazon Web Services (AWS) EC2, Máquinas Virtuais Microsoft Azure, Google Compute Engine.

2. Plataforma como um serviço (PaaS):

- Descrição: A PaaS fornece uma plataforma e um ambiente para os programadores criarem, implementarem e gerirem aplicações sem se preocuparem com a infraestrutura subjacente. Normalmente, inclui ferramentas de desenvolvimento, middleware, sistemas de gestão de bases de dados e ambientes de tempo de execução.

- Casos de utilização: Os programadores utilizam a PaaS para simplificar o desenvolvimento de aplicações, automatizar os processos de implementação e concentrar-se na codificação e não na gestão da infraestrutura.

- Exemplos: AWS Elastic Beanstalk, Microsoft Azure App Service, Google App Engine.

3. Software como um serviço (SaaS):

- Descrição: O SaaS fornece aplicações de software através da Internet com base numa subscrição. Os utilizadores acedem a estas aplicações através de um navegador Web, sem necessidade de instalar ou gerir qualquer software localmente.

- Casos de utilização: Normalmente utilizado para software de produtividade (por exemplo, correio eletrónico, CRM, ferramentas de colaboração), gestão de relações com clientes (CRM), planeamento de recursos empresariais (ERP) e outras aplicações empresariais.

- Exemplos: Salesforce, Microsoft Office 365, Google Workspace (antigo G Suite), Dropbox.

Modelos de implantação de computação em nuvem:

1. Nuvem pública:

- Descrição: Os serviços de nuvem pública são fornecidos por provedores de serviços de nuvem de terceiros pela Internet. Os recursos são partilhados entre várias organizações, oferecendo escalabilidade e eficiência de custos.

- Casos de utilização: Adequado para empresas de todas as dimensões que procuram soluções económicas e escaláveis sem investimento inicial em hardware. Ideal para desenvolvimento e teste, alojamento Web e aplicações escaláveis.

- Exemplos: AWS, Microsoft Azure, Google Cloud Platform (GCP), IBM Cloud.

2. Nuvem privada:

- Descrição: A infraestrutura de nuvem privada é dedicada a uma única organização, gerenciada internamente ou por terceiros. Oferece maior controlo, personalização e segurança em comparação com a nuvem pública.

- Casos de utilização: Organizações com requisitos rigorosos de segurança e conformidade, dados sensíveis ou necessidades específicas de desempenho. Adequado para indústrias como finanças, saúde e governo.

- Exemplos: VMware vCloud Suite, OpenStack, Microsoft Azure Stack.

3. Nuvem híbrida:

- Descrição: A nuvem híbrida combina ambientes de nuvem pública e privada, permitindo que dados e aplicativos sejam compartilhados entre eles. Proporciona flexibilidade, escalabilidade e a capacidade de otimizar a colocação de cargas de trabalho.

- Casos de utilização: Empresas com cargas de trabalho flutuantes, demanda sazonal ou requisitos específicos de residência de dados. Permite a portabilidade e redundância da carga de trabalho em diferentes ambientes.

- Exemplos: AWS Outposts, Azure Hybrid, Google Anthos.

Benefícios dos modelos de computação em nuvem:

- Escalabilidade: Escale facilmente os recursos para cima ou para baixo com base na procura, sem a necessidade de investimentos iniciais em hardware.

- Flexibilidade: Escolha entre uma variedade de modelos de serviço e opções de implementação para se adequar a necessidades comerciais específicas e requisitos de TI.

- Eficiência de custos: Pagar apenas pelos recursos e serviços consumidos, reduzindo as despesas de capital e os custos operacionais associados à manutenção da infraestrutura física.

- Acessibilidade: Aceder a aplicações e dados a partir de qualquer lugar com uma ligação à Internet, permitindo o trabalho e a colaboração remotos.

- Fiabilidade e disponibilidade: Os fornecedores de serviços em nuvem oferecem uma infraestrutura robusta com elevada disponibilidade, redundância e capacidades de recuperação de desastres para garantir a continuidade do negócio.

Considerações:

- Segurança: Implemente medidas de segurança robustas para proteger dados, aplicações e redes no ambiente de nuvem. Considere a encriptação, os controlos de acesso e a conformidade com as normas da indústria.

- Integração: Assegurar uma integração perfeita com os sistemas de TI, aplicações e fluxos de trabalho existentes ao adotar serviços na nuvem.

- Bloqueio do fornecedor: Avalie os riscos de bloqueio do fornecedor e considere a interoperabilidade e a portabilidade dos dados ao selecionar fornecedores e serviços de nuvem.

A computação em nuvem continua a evoluir, oferecendo às organizações oportunidades sem precedentes para inovar, escalar e transformar as suas operações de TI. Ao compreender e tirar partido dos vários modelos e serviços de computação em nuvem de forma eficaz, as empresas podem impulsionar a eficiência, a agilidade e a competitividade na economia digital atual.

3. INTEGRAÇÃO DE REDES COM INFRA-ESTRUTURAS DE COMPUTAÇÃO EM NUVEM

A integração da rede com a infraestrutura de nuvem é crucial para criar um ambiente de TI contínuo, eficiente e seguro que suporte as necessidades empresariais modernas. Esta integração envolve a ligação de redes no local (centros de dados privados) com recursos baseados na nuvem (ambientes de nuvem pública ou privada) para permitir arquitecturas híbridas ou multi-nuvem. Aqui está uma exploração detalhada de como a rede se integra com a infraestrutura de nuvem:

1. Opções de conetividade:

- Rede Privada Virtual (VPN):

- Objetivo: Estabelecer ligações seguras e encriptadas através da Internet pública entre redes no local e ambientes de nuvem.

- Casos de uso: Adequado para acesso remoto, conetividade site a site entre centros de dados e regiões de nuvem, e extensão de redes locais para a nuvem de forma segura.

- Ligação direta / ExpressRoute:

- Objetivo: Fornece ligações de rede privadas e dedicadas entre centros de dados locais e fornecedores de serviços na nuvem (CSPs) sem atravessar a Internet pública.

- Casos de uso: Melhora o desempenho, a confiabilidade e a segurança de aplicativos e cargas de trabalho de missão crítica que exigem baixa latência e alta largura de banda.

- Peering de Nuvem Privada Virtual (VPC):

- Objetivo: Permite a comunicação direta entre VPCs ou redes virtuais em diferentes fornecedores de serviços de computação em nuvem ou regiões.

- Casos de uso: Facilita a partilha de dados, a recuperação de desastres e a migração de cargas de trabalho entre ambientes de nuvem interligados.

2. Arquitetura e conceção de redes:

- Gestão de sub-redes e endereços IP:

- Objetivo: Conceber sub-redes e gerir espaços de endereços IP de forma eficiente para acomodar recursos da nuvem e manter a conetividade.

- Casos de uso: Garante a segmentação, o isolamento e o roteamento adequados do tráfego dentro e entre ambientes de nuvem e redes locais.

- Grupos de Segurança de Rede (NSGs) e Controlos de Acesso:

- Objetivo: Implementar regras de firewall e controlos de acesso para regular o fluxo de tráfego e aplicar políticas de segurança em ambientes de nuvem híbrida.

- Casos de uso: Protege os recursos da nuvem contra o acesso não autorizado, reduz as ameaças e garante a conformidade com os padrões de segurança.

- Balanceamento de carga e gestão de tráfego:

- Finalidade: distribuir o tráfego de rede de entrada entre várias instâncias ou serviços de nuvem para otimizar a utilização de recursos, melhorar a capacidade de resposta e garantir alta disponibilidade.

- Casos de uso: Melhora o desempenho, a escalabilidade e a tolerância a falhas dos aplicativos, gerenciando com eficiência o tráfego em ambientes de nuvem distribuídos.

3. Monitorização e gestão de redes:

- Ferramentas de monitorização nativas da nuvem:

- Objetivo: Utilizar ferramentas incorporadas de monitorização e gestão fornecidas pelos fornecedores de serviços na nuvem para monitorizar o desempenho da rede, detetar anomalias e resolver problemas.

- Casos de uso: Fornece visibilidade de métricas de rede, uso de largura de banda, latência e desempenho de aplicativos em ambientes de nuvem híbrida.

- Soluções de gestão de rede de terceiros:

- Objetivo: Integrar ferramentas e plataformas externas de gestão da rede para gerir e automatizar centralmente as configurações, políticas e monitorização do desempenho da rede.

- Casos de uso: Permite a gestão unificada dos recursos de rede, simplifica as operações e melhora a escalabilidade em diversas infra-estruturas na nuvem e no local.

4. Transferência e otimização de dados:

- Replicação e sincronização de dados:

- Objetivo: Estabelecer mecanismos eficientes de transferência de dados entre centros de dados no local e serviços de armazenamento na nuvem (por exemplo, AWS S3, Azure Blob Storage).

- Casos de uso: Suporta estratégias de backup de dados, recuperação de desastres e armazenamento em nuvem híbrida, garantindo a consistência e acessibilidade dos dados em ambientes distribuídos.

- Redes de distribuição de conteúdos (CDN):

- Objetivo: Implementar CDNs para armazenar em cache o conteúdo mais próximo dos utilizadores finais, reduzindo a latência e melhorando a experiência do utilizador para aplicações e serviços alojados na nuvem.

- Casos de uso: Melhora o desempenho de aplicações distribuídas globalmente, entrega de conteúdos multimédia e plataformas de comércio eletrónico, tirando partido da infraestrutura da nuvem.

5. Conformidade, governação e otimização:

- Requisitos de conformidade:

- Objetivo: garantir que as configurações de rede na nuvem cumprem as normas de conformidade regulamentar (por exemplo, GDPR, HIPAA) e as práticas de segurança específicas do sector.

- Casos de uso: Facilita a preparação para auditorias, a proteção de dados e a gestão de riscos em ambientes de nuvem híbrida.

- Otimização de custos e gestão de recursos:

- Objetivo: Implementar estratégias para otimizar os custos da rede, monitorizar a utilização de recursos e dimensionar corretamente as instâncias e os serviços da nuvem com base nas exigências da carga de trabalho.

- Casos de uso: Maximiza a eficiência de custos, a escalabilidade e o desempenho, minimizando a sobrecarga operacional e a expansão da infraestrutura.

A integração da rede com a infraestrutura de nuvem é essencial para obter conetividade perfeita, otimização de desempenho e segurança em ambientes híbridos ou com várias nuvens. Ao alavancar tecnologias de rede, arquitecturas e práticas de gestão avançadas, as organizações podem ligar eficazmente as redes locais aos recursos da nuvem para suportar iniciativas de implementação ágil, escalabilidade e transformação digital. O monitoramento contínuo, a otimização e a adesão às práticas recomendadas são fundamentais para manter uma infraestrutura de rede de nuvem híbrida robusta e resiliente que atenda aos requisitos de negócios em evolução e melhore a eficiência operacional geral.

Capítulo 10 - TECNOLOGIAS EMERGENTES E TENDÊNCIAS FUTURAS

VISÃO GERAL

As tecnologias emergentes estão continuamente a remodelar o panorama das redes de computadores, impulsionando a inovação, a eficiência e novas possibilidades na forma como as redes são concebidas, geridas e utilizadas. À medida que olhamos para o futuro, várias tendências-chave estão preparadas para moldar a evolução das redes de computadores, abrindo caminho para infra-estruturas digitais mais ágeis, seguras e interligadas. Aqui está uma introdução às tecnologias emergentes e às tendências futuras das redes de computadores:

1. TECNOLOGIAS EMERGENTES

1. 5G e mais além:

- Descrição: A rede celular de quinta geração (5G) promete velocidades significativamente mais rápidas, menor latência e maior fiabilidade em comparação com as gerações anteriores. Permitirá comunicações massivas máquina-a-máquina (IoT), streaming de ultra-alta definição e aplicações em tempo real.

- Impacto: O 5G irá revolucionar as redes móveis, apoiar tecnologias emergentes como os veículos autónomos e as cidades inteligentes e melhorar a conetividade para ambientes de computação remota e periférica.

2. Internet das coisas (IoT):

- Descrição: A IoT liga dispositivos, sensores e objectos do quotidiano à Internet, permitindo a recolha de dados, a automatização e a monitorização remota em diversos sectores.

- Impacto: A IoT irá impulsionar a procura de redes escaláveis e seguras capazes de lidar com volumes de dados maciços, análises em tempo real e interoperabilidade entre dispositivos e serviços em nuvem.

3. Redes definidas por software (SDN):

- Descrição: A SDN separa as funções de controlo e encaminhamento da rede, permitindo a gestão centralizada e a programabilidade da infraestrutura de rede através de software.

- Impacto: A SDN aumenta a agilidade, a escalabilidade e a automação da rede, suportando a migração dinâmica de cargas de trabalho, o gerenciamento baseado em políticas e a alocação eficiente de recursos em ambientes híbridos e de nuvem.

4. Virtualização das funções de rede (NFV):

- Descrição: A NFV virtualiza os serviços de rede tradicionalmente executados por aparelhos de hardware, como firewalls, equilibradores de carga e routers, executando-os como instâncias de software em servidores padrão.

- Impacto: A NFV reduz os custos de hardware, acelera a implantação de serviços e permite o dimensionamento flexível das funções de rede para atender às mudanças na demanda e otimizar a utilização de recursos.

5. Computação de ponta:

- Descrição: A computação periférica descentraliza o processamento e o armazenamento de dados, colocando os recursos de computação mais perto da fonte de dados ou dos utilizadores finais.

- Impacto: A computação periférica reduz a latência, melhora o desempenho das aplicações em tempo real (por exemplo, IoT, realidade aumentada) e aumenta a privacidade através do processamento local de dados sensíveis em vez de os transmitir para servidores centralizados na nuvem.

1.1 REDES DEFINIDAS POR SOFTWARE (SDN)

A Rede Definida por Software (SDN) é um paradigma nas redes informáticas que separa o plano de controlo do plano de dados dos dispositivos de rede. Tradicionalmente, os dispositivos de rede (como routers e switches) efectuam o encaminhamento de pacotes de dados (plano de dados) e o processo de tomada de decisões sobre o destino dos pacotes (plano de controlo) dentro do mesmo dispositivo. A SDN introduz um plano de controlo centralizado, que permite aos administradores de rede gerir e configurar dinamicamente a rede através de software, em vez de configurar manualmente cada dispositivo individual. Veja a seguir os principais componentes e conceitos da SDN:

1. Componentes da arquitetura:

- Controlador: O cérebro centralizado da arquitetura SDN, responsável pela tomada de decisões sobre como os pacotes de dados devem fluir através da rede.

- Dispositivos do plano de dados: São dispositivos de rede tradicionais (routers, switches) que encaminham pacotes de dados com base em instruções recebidas do controlador.

- Interface Sul: Protocolos e APIs utilizados entre o controlador e os dispositivos de plano de dados para comunicar instruções de encaminhamento.

- Interface de ligação ao Norte: APIs que expõem as capacidades do controlador SDN às aplicações e à camada de serviços de rede.

2. Benefícios da SDN:

- Gerenciamento centralizado: Simplifica o gerenciamento e a configuração da rede, facilitando a solução de problemas e a implantação mais rápida de serviços de rede.

- Programabilidade: Permite que os administradores de rede definam programaticamente o comportamento da rede usando software, o que aumenta a flexibilidade e a agilidade.

- Automatização: Permite o aprovisionamento e as alterações de configuração automatizados da rede, reduzindo os erros manuais e os custos operacionais.

- Abertura e inovação: A SDN incentiva a inovação ao permitir que os programadores criem novas aplicações e serviços de rede independentemente das plataformas de hardware.

3. Casos de utilização:

- Redes de centros de dados: A SDN é amplamente utilizada em centros de dados para criar redes virtuais, gerir fluxos de tráfego e otimizar a atribuição de recursos de forma dinâmica.

- Redes de área ampla (WANs): As soluções SD-WAN aproveitam a SDN para gerir centralmente e otimizar a conetividade em locais geograficamente dispersos.

- Virtualização de funções de rede (NFV): A SDN complementa a NFV ao separar as funções de rede dos dispositivos de hardware, permitindo que sejam executadas como funções de rede virtual (VNFs) baseadas em software.

4. Desafios:

- Preocupações com a segurança: A centralização pode introduzir vulnerabilidades de segurança, pelo que são cruciais medidas de segurança robustas.

- Interoperabilidade: Assegurar que os controladores e dispositivos SDN de diferentes fornecedores podem funcionar em conjunto sem problemas.

- Escalabilidade: O tratamento eficiente de redes de grande escala com um controlador centralizado pode ser um desafio.

5. Implementações e normas SDN:

- OpenFlow: Um protocolo inicial e amplamente adotado que permite a comunicação entre o controlador SDN e os dispositivos de rede.

- ONAP (Open Network Automation Platform): Um projeto centrado na automatização da gestão e orquestração da rede utilizando os princípios SDN.

- OpenDaylight: Uma plataforma de controlador SDN de código aberto apoiada pela Linux Foundation, que oferece uma estrutura para a criação de aplicações e serviços SDN.

Em resumo, a SDN revoluciona a gestão da rede ao dissociar as funções de controlo e encaminhamento de dados, permitindo uma gestão centralizada, programabilidade e automatização. Ela continua a evoluir, impulsionando a inovação em tecnologias e arquiteturas de rede.

1.2 INTERNET DAS COISAS (IOT) E LIGAÇÃO EM REDE

A Internet das Coisas (IoT) refere-se à rede de objectos físicos ou "coisas" incorporadas com sensores, software e conetividade que lhes permite recolher e trocar dados através da Internet. Esta rede interligada de dispositivos cria oportunidades de automatização, recolha de dados e novos serviços em vários domínios. Os dispositivos IoT podem ir de simples sensores a complexos equipamentos industriais e aparelhos de consumo.

Conceitos-chave em redes IoT:

1. Conectividade do dispositivo:

- Tecnologias sem fios: Os dispositivos IoT comunicam frequentemente sem fios utilizando protocolos como Wi-Fi, Bluetooth, Zigbee, Z-Wave, LoRaWAN, NB-IoT, entre outros. A escolha da tecnologia depende de factores como o alcance, o consumo de energia, a taxa de dados e o ambiente de implantação.

- Tecnologias com fios: Em alguns casos, os dispositivos IoT podem utilizar ligações com fios, como Ethernet ou Power over Ethernet (PoE), especialmente em ambientes industriais em que a fiabilidade e a largura de banda são fundamentais.

2. Protocolos IoT:

- MQTT (Transporte de Telemetria de Enfileiramento de Mensagens): Um protocolo leve de mensagens de publicação-subscrição ideal para aplicações IoT com dispositivos e redes limitados.

- CoAP (Constrained Application Protocol): Concebido para dispositivos e redes com restrições, o CoAP permite a comunicação entre dispositivos IoT e serviços Web.

- HTTP(S): Os protocolos Web tradicionais também podem ser utilizados em aplicações IoT para a gestão de dispositivos e o intercâmbio de dados, especialmente quando a segurança e a interoperabilidade com os serviços Web existentes são importantes.

3. Computação de ponta:

- Dispositivos de borda: Os dispositivos IoT geram frequentemente grandes volumes de dados. A computação de borda envolve o processamento desses dados mais perto de onde são gerados (na borda da rede), reduzindo a latência e o uso da largura de banda. Esta abordagem é crucial para aplicações em tempo real e para reduzir a dependência de serviços na nuvem.

- Computação em nevoeiro: Alarga a computação periférica fornecendo serviços de computação, armazenamento e rede entre dispositivos periféricos e centros de dados na nuvem, melhorando a escalabilidade e a eficiência das implementações de IoT.

4. Segurança da IdC:

- Autenticação e autorização de dispositivos: Garantir que apenas os dispositivos autorizados podem ligar-se à rede e aceder aos dados.

- Encriptação de dados: Proteger os dados em trânsito e em repouso para impedir o acesso não autorizado e a adulteração.

- Actualizações de segurança e gestão de patches: Actualizações e correcções regulares dos dispositivos e sistemas IoT para resolver vulnerabilidades e garantir a segurança contínua.

5. Aplicações IoT e casos de utilização:

- Casa inteligente: os dispositivos IoT, como termóstatos, luzes e aparelhos inteligentes, permitem a automatização e o controlo remoto.

- IoT industrial (IIoT): Monitorização e controlo de processos industriais utilizando dispositivos IoT para otimizar as operações, prever as necessidades de manutenção e melhorar a eficiência.

- Cuidados de saúde: Dispositivos vestíveis e sensores para monitorização remota de doentes e gestão de cuidados de saúde.

- Cidades inteligentes: Aplicações IoT para gestão do tráfego, gestão de resíduos, eficiência energética e segurança pública.

6. Desafios das redes IoT:

- Escalabilidade: Gerir um grande número de dispositivos IoT e garantir uma conetividade sem falhas em diversos ambientes.

- Interoperabilidade: Garantir que diferentes dispositivos e sistemas IoT possam comunicar eficazmente, apesar de utilizarem protocolos e tecnologias diferentes.

- Preocupações com a privacidade: Lidar com dados sensíveis gerados por dispositivos IoT e garantir a privacidade do utilizador e a proteção dos dados.

- Fiabilidade e resiliência: Garantir que as redes IoT são robustas e capazes de lidar com interrupções sem afetar as operações críticas.

7. Tendências futuras:

- 5G e IoT: A implantação de redes 5G promete melhorar a conetividade da IoT, permitindo uma transmissão de dados mais rápida, menor latência e maior densidade de dispositivos.

- IA e aprendizagem automática: Integração de algoritmos de IA e de aprendizagem automática na periferia para processar dados IoT em tempo real e obter informações accionáveis.

- Cadeia de blocos: Utilização da tecnologia blockchain para transacções seguras e transparentes e trocas de dados em aplicações IoT.

Em conclusão, a ligação em rede da IoT envolve a ligação de uma gama diversificada de dispositivos e sensores para recolher e trocar dados para várias aplicações. À medida que a IoT continua a evoluir, a resolução de desafios como a segurança, a interoperabilidade e a escalabilidade será crucial para libertar todo o seu potencial nas indústrias e na vida quotidiana.

1.3 CADEIA DE BLOCOS E REDES DESCENTRALIZADAS

Blockchain e redes descentralizadas são dois conceitos interligados que ganharam destaque devido ao seu potencial para revolucionar vários sectores, incluindo finanças, cadeia de fornecimento, cuidados de saúde e muito mais. Vamos aprofundar cada conceito em pormenor:

Blockchain:

A cadeia de blocos é uma tecnologia de registo distribuído que permite transacções peer-to-peer seguras e transparentes sem necessidade de intermediários. Eis os principais componentes e características da cadeia de blocos:

1. Descentralização: A Blockchain funciona numa rede descentralizada de computadores (nós) que mantêm coletivamente um livro-razão partilhado. Isto elimina a necessidade de uma autoridade central ou intermediário, tornando as transacções peer-to-peer.

2. Ledger imutável e transparente: As transacções registadas numa cadeia de blocos são armazenadas em blocos que estão ligados entre si numa cadeia cronológica. Quando um bloco é adicionado à cadeia, não pode ser alterado ou apagado, garantindo a integridade e a transparência dos dados.

3. Mecanismos de consenso: As redes de cadeias de blocos utilizam algoritmos de consenso para chegar a acordo sobre a validade das transacções e manter a integridade do livro-razão. Os mecanismos de consenso mais populares incluem Proof of Work (PoW), Proof of Stake (PoS) e outros adaptados a plataformas de cadeia de blocos específicas.

4. Segurança: A criptografia protege as transacções na cadeia de blocos. Cada participante tem um par de chaves criptográficas único (chaves públicas e privadas) para assinar e verificar as transacções, garantindo a autenticidade e impedindo o acesso não autorizado.

5. Contratos inteligentes: Contratos auto-executáveis armazenados na blockchain que executam e aplicam automaticamente termos quando condições predefinidas são atendidas. Os contratos inteligentes permitem a automatização e a execução de acordos sem confiança.

6. Tipos de cadeias de blocos:

- Blockchains públicas: Redes abertas e sem permissões onde qualquer pessoa pode participar, ler e escrever transacções (por exemplo, Bitcoin, Ethereum).

- Blockchains privadas: Redes com permissão onde o acesso e a participação são restritos a entidades autorizadas, adequadas para casos de uso corporativo.

7. Aplicações:

- Criptomoedas: A Bitcoin e outras criptomoedas utilizam a cadeia de blocos para transacções seguras e descentralizadas.

- Gestão da cadeia de abastecimento: Seguimento e verificação da proveniência dos bens desde a origem até ao destino.

- Finanças e Banca: Facilitar os pagamentos transfronteiras, reduzir os prazos de liquidação e aumentar a transparência das transacções financeiras.

- Cuidados de saúde: Gerir de forma segura os registos dos pacientes e permitir a interoperabilidade entre os prestadores de cuidados de saúde.

- Sistemas de votação: Garantir processos de votação transparentes e invioláveis.

Redes descentralizadas:

A rede descentralizada refere-se à distribuição do controlo da rede entre vários nós, em vez de depender de uma autoridade ou servidor central. Esta mudança de paradigma oferece várias vantagens:

1. Resiliência e tolerância a falhas: As redes descentralizadas são mais robustas contra pontos únicos de falha e interrupções na rede. Mesmo que alguns nós falhem ou sejam comprometidos, a rede permanece operacional.

2. Escalabilidade: Ao distribuir tarefas e responsabilidades pelos nós, as redes descentralizadas podem escalar mais eficazmente sem sobrecarregar os servidores centrais ou a infraestrutura.

3. Privacidade e segurança: A descentralização aumenta a privacidade ao reduzir o risco de violações maciças de dados. Os utilizadores têm mais controlo sobre os seus dados e interacções na rede.

4. Comunicação entre pares: Os nós das redes descentralizadas podem comunicar e interagir diretamente entre si sem intermediários, promovendo relações directas e reduzindo a latência.

5. Exemplos de redes descentralizadas:

- Partilha de ficheiros ponto a ponto: Protocolos como o BitTorrent permitem que os utilizadores partilhem ficheiros diretamente entre si sem dependerem de servidores centrais.

- Armazenamento descentralizado: Plataformas como o IPFS (InterPlanetary File System) e o Sia oferecem soluções de armazenamento descentralizado em que os ficheiros são distribuídos por vários nós.

- Computação descentralizada: Plataformas de blockchain como a Ethereum suportam aplicativos descentralizados (dApps) que são executados em uma rede distribuída de nós em vez de servidores centralizados.

6. Desafios:

- Interoperabilidade: Garantir que diferentes sistemas e protocolos descentralizados possam se comunicar e trabalhar juntos sem problemas.

- Governação: As redes descentralizadas requerem frequentemente mecanismos para a tomada de decisões e actualizações de protocolos sem uma autoridade central.

- Experiência do utilizador: Equilibrar a descentralização com a usabilidade e garantir uma experiência de utilizador sem problemas continua a ser um desafio nas aplicações descentralizadas.

2. TENDÊNCIAS FUTURAS

1. Redes baseadas em IA:

- Descrição: Os algoritmos de Inteligência Artificial (IA) e de Aprendizagem Automática (ML) irão automatizar as tarefas de gestão da rede, prever o comportamento da rede e otimizar o desempenho e a segurança.

- Impacto: As redes baseadas em IA aumentarão a fiabilidade e a eficiência da rede e a deteção proactiva de ameaças, permitindo redes de auto-cura e manutenção preditiva.

2. Redes quânticas:

- Descrição: As redes quânticas utilizam os princípios da mecânica quântica para transmitir informações de forma segura através do emaranhamento quântico e da sobreposição.

- Impacto: As redes quânticas prometem comunicações ultra-seguras (criptografia quântica) e melhorias exponenciais nas capacidades de processamento e encriptação de dados.

3. Blockchain para redes:

- Descrição: A tecnologia Blockchain permite a manutenção de registos descentralizados e à prova de adulteração e a verificação de transacções em redes distribuídas.

- Impacto: Nas redes, a cadeia de blocos pode aumentar a confiança, a transparência e a integridade das transacções, facilitar a faturação e a liquidação automatizadas e permitir comunicações seguras entre pares.

4. 5G e integração de satélites:

- Descrição: A integração de redes 5G com satélites de órbita terrestre baixa (LEO) alargará a conetividade de alta velocidade a áreas remotas e mal servidas a nível mundial.

- Impacto: A integração do satélite-5G melhorará a cobertura global, apoiará a recuperação de desastres e permitirá uma conetividade sem descontinuidades para dispositivos móveis e IoT em todo o mundo.

O futuro das redes informáticas é caracterizado por rápidos avanços tecnológicos, impulsionados pela necessidade de uma conetividade mais rápida, fiável e segura. À medida que as tecnologias emergentes amadurecem e as tendências futuras se revelam, as organizações terão de abraçar a inovação, adaptar-se às arquitecturas de rede em mudança e tirar partido destes avanços para fornecer infra-estruturas de rede resilientes, escaláveis e ágeis que satisfaçam as exigências em evolução da transformação digital. Fique atento à medida que estas tecnologias continuam a moldar a próxima era das redes informáticas, desbloqueando novas capacidades e possibilidades para as empresas e a sociedade em geral.

Capítulo 11 - ESTUDOS DE CASO E APLICAÇÕES PRÁTICAS

1. EXEMPLOS REAIS DE SOLUÇÕES DE REDE

As soluções de rede no mundo real variam muito, dependendo das necessidades específicas e da escala da organização ou do ambiente. Eis alguns exemplos pormenorizados:

1. Solução de rede empresarial para uma grande empresa

Cenário: Uma empresa multinacional com vários escritórios em todo o mundo precisa de uma solução de rede robusta para garantir uma comunicação e transferência de dados sem falhas entre os seus escritórios, dando também prioridade à segurança e fiabilidade.

Solução de ligação em rede:

- Rede de área ampla (WAN): Implementação de uma WAN privada utilizando a tecnologia MPLS (Multiprotocol Label Switching) ou SD-WAN (Software-Defined Wide Area Network). Isto permite uma comunicação segura e eficiente entre escritórios geograficamente dispersos.

- Rede de Área Local (LAN): Criação de LANs Ethernet de alta velocidade em cada escritório para facilitar a transferência rápida de dados e a comunicação entre os funcionários.

- Segurança de rede: Implementação de sistemas de firewall de nível empresarial, sistemas de deteção/prevenção de intrusões

(IDS/IPS) e soluções VPN (Virtual Private Network) para proteger dados e comunicações sensíveis.

- Redes sem fios: Fornecimento de pontos de acesso Wi-Fi (APs) seguros em todos os espaços do escritório para dispositivos móveis e computadores portáteis, assegurando uma conetividade sem falhas.

- Monitorização e gestão da rede: Utilização de ferramentas de monitorização da rede (por exemplo, sistemas baseados em SNMP) para monitorizar proactivamente o desempenho da rede, identificar estrangulamentos e resolver problemas rapidamente.

- Escalabilidade e Redundância: Conceber a arquitetura da rede tendo em conta a escalabilidade, incorporando ligações redundantes e mecanismos de failover para minimizar o tempo de inatividade e garantir um funcionamento contínuo.

- Integração na nuvem: Integração com serviços de nuvem (por exemplo, AWS, Azure) para armazenamento escalável e recursos de computação, aproveitando soluções de nuvem híbrida para flexibilidade e eficiência de custos.

- Comunicações unificadas: Implementação de sistemas VoIP (Voz sobre IP) para comunicações unificadas, permitindo ferramentas de voz, videoconferência e colaboração em toda a organização.

2. Solução de rede para pequenas empresas

Cenário: Uma pequena empresa com um único escritório precisa de uma solução de rede económica que forneça conetividade fiável aos funcionários e suporte serviços básicos de TI.

Solução de ligação em rede:

- LAN Ethernet: Configuração de uma LAN Ethernet simples com comutadores e routers para ligar computadores de secretária, impressoras e outros dispositivos no escritório.

- Conectividade à Internet: Subscrição de uma ligação à Internet de banda larga ou de fibra ótica de nível empresarial para garantir uma largura de banda suficiente para as operações diárias.

- Redes sem fios: Implementação de routers ou pontos de acesso Wi-Fi para conetividade sem fios no escritório, suportando o acesso de funcionários e convidados com medidas de segurança adequadas (por exemplo, encriptação WPA2).

- Segurança de rede: Instalação de uma firewall/router para pequenas empresas com características básicas de segurança, como regras de firewall, suporte VPN para acesso remoto e proteção antivírus/anti-malware para dispositivos.

- Backup e armazenamento de dados: Implementar um dispositivo de armazenamento ligado à rede (NAS) de pequena escala ou uma solução de cópia de segurança na nuvem para cópia de segurança de dados e partilha de ficheiros entre funcionários.

- Suporte de TI: Utilizar serviços de TI geridos ou subcontratar o suporte de TI a um fornecedor externo para manutenção, resolução de problemas e suporte contínuos.

- Considerações sobre escalabilidade: Conceber a infraestrutura de rede tendo em conta o crescimento futuro, assegurando que os dispositivos e utilizadores adicionais podem ser facilmente acomodados à medida que o negócio se expande.

3. Solução de rede para instituições de ensino

Cenário: Um campus universitário com vários edifícios e milhares de estudantes e membros do corpo docente necessita de uma solução de rede abrangente para suportar actividades académicas, investigação e funções administrativas.

Solução de ligação em rede:

- Rede em todo o campus: Estabelecimento de uma rede de fibra ótica em todo o campus para interligar vários edifícios, salas de aula, laboratórios e gabinetes administrativos.

- Cobertura Wi-Fi: Fornecimento de uma cobertura Wi-Fi alargada em todo o campus, incluindo áreas exteriores, dormitórios e espaços públicos, utilizando uma combinação de pontos de acesso interiores e exteriores.

- Segurança de rede: Implementação de medidas de segurança de rede robustas, tais como sistemas de firewall, sistemas de deteção/prevenção de intrusões e controlo de acesso à rede (NAC) para proteger dados sensíveis e cumprir os requisitos regulamentares.

- Gestão da largura de banda: Implementação de políticas de gestão de largura de banda e de Qualidade de Serviço (QoS) para dar prioridade ao tráfego académico e administrativo em relação ao tráfego recreativo ou não essencial.

- Comunicações unificadas: Implementação de sistemas VoIP e de comunicações unificadas para facilitar a comunicação entre professores, funcionários e estudantes através de plataformas de voz, videoconferência e mensagens.

- Rede de investigação: Estabelecimento de uma rede de investigação específica com ligações de alta velocidade para apoiar projectos de investigação com grande volume de dados e colaboração com instituições de investigação externas.

- Monitorização e gestão de redes: Utilização de ferramentas e sistemas de gestão de rede para monitorizar o desempenho da rede, analisar padrões de tráfego e garantir a utilização eficiente dos recursos da rede.

- Acesso para convidados: Fornecimento de acesso Wi-Fi seguro para convidados com largura de banda limitada e controlos de autenticação para acomodar visitantes do campus, participantes em conferências e professores convidados.

Estes exemplos ilustram como as soluções de rede são adaptadas para satisfazer necessidades organizacionais específicas, quer se trate de uma grande empresa, de uma pequena empresa ou de uma instituição de ensino, garantindo uma conetividade eficiente, segurança e escalabilidade para apoiar as operações diárias e os objectivos estratégicos.

2. HISTÓRIAS DE SUCESSO E PERSPECTIVAS DO SECTOR

As perspectivas da indústria e as histórias de sucesso no sector da tecnologia destacam frequentemente soluções inovadoras, impactos transformadores nas empresas e na sociedade e avanços em vários domínios. Eis alguns exemplos pormenorizados em diferentes domínios:

1. Computação em nuvem e SaaS (Software-as-a-Service)

Visão do sector: A computação em nuvem revolucionou a forma como as empresas gerem a sua infraestrutura de TI, oferecendo escalabilidade, flexibilidade e eficiência de custos através de recursos de computação a pedido.

História de sucesso:

A Salesforce foi pioneira no modelo SaaS com a sua plataforma de CRM (Customer Relationship Management) baseada na nuvem. Ao transferir o CRM para a nuvem, a Salesforce permitiu que empresas de todas as dimensões acedessem a poderosas ferramentas de vendas e marketing sem investir numa extensa infraestrutura de hardware e software. Esta escalabilidade e acessibilidade transformaram a forma como as empresas gerem as relações com os clientes, levando a uma rápida adoção e crescimento no mercado SaaS.

2. Inteligência artificial e aprendizagem automática

Perspetiva do sector: A IA e a aprendizagem automática estão a remodelar as indústrias, automatizando tarefas, melhorando a tomada de decisões e permitindo novas capacidades em áreas como os cuidados de saúde, as finanças e os sistemas autónomos.

História de sucesso:

O AlphaGo da Google DeepMind demonstrou capacidades significativas de IA ao derrotar os campeões mundiais de Go. Este feito demonstrou o potencial da IA para resolver problemas complexos com pensamento estratégico e reconhecimento de padrões, despertando o interesse e o investimento a nível mundial na investigação e nas aplicações de IA.

3. Comércio eletrónico e transformação digital

Perspetiva do sector: O comércio eletrónico continua a crescer rapidamente, impulsionado pela transformação digital, pela tecnologia móvel e pela alteração do comportamento dos consumidores em relação às compras online.

História de sucesso:

A Amazon exemplifica o sucesso do comércio eletrónico através da sua concentração incessante na experiência do cliente, na eficiência logística e na inovação. A adoção da IA pela Amazon para recomendações personalizadas, a robótica para operações de armazém e a adesão ao Prime para entregas rápidas estabeleceram padrões de referência no comércio eletrónico e transformaram o retalho a nível mundial.

4. Energias renováveis e sustentabilidade

Perspetiva do sector: As tecnologias de energias renováveis estão a impulsionar a mudança para fontes de energia sustentáveis, reduzindo a pegada de carbono e enfrentando os desafios das alterações climáticas.

História de sucesso:

A Tesla revolucionou os sectores automóvel e energético com os seus veículos eléctricos e soluções de energia renovável. O sucesso da Tesla na produção de automóveis eléctricos acessíveis com capacidades de longo alcance e na criação de uma rede de estações Supercharger acelerou a adoção de veículos eléctricos em todo o mundo, contribuindo para transportes mais limpos e para a independência energética.

5. Telecomunicações e tecnologia 5G

Perspetiva da indústria: A tecnologia 5G promete velocidades ultra-rápidas, baixa latência e conetividade maciça, permitindo inovações na IoT (Internet das Coisas), veículos autónomos e realidade aumentada.

História de sucesso:

A Verizon e a Ericsson colaboraram para lançar uma das primeiras redes 5G nos Estados Unidos. Esta implementação constituiu um marco nas telecomunicações, abrindo caminho para uma banda larga móvel melhorada, aplicações IoT e novas oportunidades de negócio em sectores como os cuidados de saúde, a indústria transformadora e o entretenimento.

6. Cadeia de blocos e moeda criptográfica

Visão do sector: A tecnologia Blockchain oferece soluções seguras, transparentes e descentralizadas para transacções financeiras, gestão da cadeia de fornecimento e verificação da identidade digital.

História de sucesso:

A Bitcoin introduziu a tecnologia de cadeia de blocos como base para uma moeda digital descentralizada. Apesar do ceticismo inicial, o sucesso da Bitcoin em permitir transacções peer-to-peer seguras sem intermediários estimulou o desenvolvimento de inúmeras criptomoedas e aplicações de cadeia de blocos, perturbando os sistemas financeiros tradicionais.

Impacto e tendências futuras

Estes conhecimentos e histórias de sucesso da indústria ilustram a forma como os avanços tecnológicos impulsionam o crescimento económico, a mudança social e a inovação em vários sectores. As principais tendências futuras incluem a integração contínua da IA nas aplicações do quotidiano, a expansão das soluções de energias renováveis, a adoção mais ampla da conetividade 5G e o desenvolvimento das tecnologias blockchain. A adoção destas tendências pode permitir que as empresas e organizações se mantenham competitivas, melhorem a eficiência operacional e criem impactos positivos nos mercados e comunidades globais.

Capítulo 12 - CONCLUSÃO E PERSPECTIVAS

As redes informáticas evoluíram significativamente ao longo das décadas, transformando o modo como os indivíduos, as empresas e as sociedades comunicam, colaboram e fazem negócios. Quando reflectimos sobre o seu estado atual e olhamos para o futuro, surgem vários temas-chave:

1. Estado atual das redes informáticas

- Conectividade omnipresente: A proliferação da Internet de alta velocidade e das tecnologias sem fios permitiu uma conetividade sem descontinuidades entre dispositivos, locais e sectores.

- Domínio da computação em nuvem: Os serviços em nuvem revolucionaram a infraestrutura de TI, oferecendo recursos de computação escaláveis e a pedido, mudando o paradigma das soluções tradicionais no local.

- Desafios de segurança: O aumento da conetividade traz consigo o aumento das ameaças à cibersegurança, exigindo medidas robustas como a encriptação, firewalls e sistemas avançados de deteção de ameaças.

- Tecnologias emergentes: Inovações como 5G, IoT (Internet of Things) e SD-WAN (Software-Defined Wide Area Network) estão a remodelar as capacidades de rede, prometendo velocidades mais rápidas, menor latência e maior flexibilidade de gestão da rede.

2. Principais factores que moldam o futuro

- 5G e computação de ponta: A implantação de redes 5G permitirá velocidades ultra-rápidas e suporte para dispositivos IoT, abrindo caminho para novas aplicações em cidades inteligentes, veículos autónomos e experiências imersivas.

- Integração da Inteligência Artificial (IA): A IA desempenhará um papel crucial na otimização do desempenho da rede, na previsão e prevenção de ciberameaças e na automatização das tarefas de gestão da rede.

- Blockchain para a segurança: A tecnologia Blockchain é promissora para melhorar a segurança da rede através da verificação descentralizada e inviolável das transacções, especialmente em sectores como as finanças e a gestão da cadeia de abastecimento.

- Sustentabilidade e redes ecológicas: Há uma ênfase crescente na redução da pegada ambiental da infraestrutura de redes, promovendo práticas de eficiência energética e a integração de energias renováveis.

3. Tendências e inovações futuras

- Tudo definido por software (SDx): SD-WAN, SDN (Software-Defined Networking) e SDDC (Software-Defined Data Centers) continuarão a ganhar força, oferecendo agilidade, escalabilidade e economia de custos no gerenciamento de rede.

- Redes quânticas: A investigação em computação e redes quânticas visa revolucionar a encriptação e a transmissão de dados, oferecendo potencialmente níveis sem precedentes de segurança e de poder computacional.

- Realidade Aumentada (RA) e Realidade Virtual (RV): Estas tecnologias irão impulsionar a procura de redes de baixa latência capazes de fornecer experiências imersivas sem problemas.

- Expansão da conetividade global: Iniciativas como a Starlink e a OneWeb da SpaceX têm como objetivo fornecer uma cobertura global de Internet por satélite, colmatando o fosso digital e ligando regiões remotas.

Olhando para o futuro

O futuro das redes informáticas promete avanços e desafios interessantes. A adoção destas tendências exige a colaboração entre o meio académico, a indústria e os decisores políticos para abordar considerações técnicas, regulamentares e éticas.

As principais áreas de incidência incluem:

- Segurança e privacidade: Reforçar as defesas contra a evolução das ciberameaças e garantir a privacidade dos utilizadores num contexto de aumento do volume de dados e de dispositivos interligados.

- Desenvolvimento de competências: Alimentar uma mão de obra qualificada capaz de gerir e inovar em ambientes de rede complexos, tirando partido da IA, da cibersegurança e das tecnologias emergentes.

- Quadros éticos e regulamentares: Estabelecer orientações para a implantação responsável da IA, a governação dos dados e garantir um acesso equitativo às infra-estruturas digitais.

Em conclusão, as redes informáticas continuam a evoluir como pedra angular da sociedade moderna, impulsionando a inovação, o crescimento económico e a conetividade global. Ao adotar as tecnologias emergentes e enfrentar os desafios associados, o sector pode promover um futuro em que as soluções de rede sejam não só eficientes e seguras, mas também inclusivas e sustentáveis, beneficiando indivíduos e organizações em todo o mundo.

REFERÊNCIAS

LIVROS:

1. "Computer Networking: A Top-Down Approach" de James F. Kurose e Keith W. Ross - Um livro abrangente que cobre os princípios das redes de computadores desde a camada de aplicação até à camada física.

2. "TCP/IP Illustrated, Volume 1: The Protocols" de W. Richard Stevens - Fornece informações pormenorizadas sobre os protocolos TCP/IP, essenciais para compreender a comunicação na Internet.

3. "Computer Networking Problems and Solutions: An innovative approach to building resilient, modern networks" de Russ White e Ethan Banks - Centra-se na conceção prática de redes e em técnicas de resolução de problemas.

4. "High-Performance Browser Networking" de Ilya Grigorik - Explora os meandros dos navegadores Web modernos e os protocolos de rede.

REVISTAS E ARTIGOS ACADÉMICOS:

1. IEEE Transactions on Networking - Publica artigos de investigação sobre vários aspectos das redes de computadores, incluindo protocolos, arquitecturas, algoritmos e avaliação de desempenho.

2. Actas da Conferência ACM SIGCOMM - Apresenta trabalhos de investigação sobre redes e protocolos de comunicação, fornecendo informações sobre tecnologias de rede de ponta.

3. **Computer Networks** (Elsevier) - Uma revista que cobre investigação, protocolos e aplicações de redes.

4. **Journal of Network and Computer Applications** (Elsevier) - Centra-se em arquitecturas de rede, protocolos, serviços e aplicações.

RELATÓRIOS E DOCUMENTOS TÉCNICOS DO SECTOR:

1. Relatório anual da Cisco sobre a Internet - Fornece informações sobre as tendências globais das redes, o crescimento do tráfego na Internet e as tecnologias de rede.

2. Whitepapers da Juniper Networks - Oferece análises aprofundadas e melhores práticas sobre segurança de rede, SD-WAN e redes em nuvem.

3. Índice de Conectividade Global da Huawei - Examina o impacto da transformação digital e da conetividade no crescimento económico e no desenvolvimento.

SÍTIOS WEB E RECURSOS EM LINHA:

1. Cisco Networking Academy - Oferece cursos online gratuitos, tutoriais e recursos sobre fundamentos de redes, encaminhamento e comutação, segurança cibernética e muito mais.

2. Network World - Fornece notícias, análises e informações sobre tecnologias de rede, tendências e desenvolvimentos do sector.

3. A Internet Engineering Task Force (IETF) - Publica RFCs (Request for Comments) que definem normas e protocolos para a Internet.

4. O'Reilly Media - Oferece livros, artigos e cursos online sobre vários aspectos de redes, segurança cibernética e tendências tecnológicas.

More
Books!

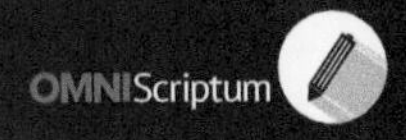

info@omniscriptum.com
www.omniscriptum.com
OMNIScriptum

Printed by Books on Demand GmbH, Norderstedt / Germany